한국어 이름씨 분절구조

한국어내용학회

국학자료원

목차

〈시기〉 명칭의 분절구조 고찰(2)

- 〈문화환경〉을 중심으로 -

배해수

1. 머리말

이 연구는 현대국어에 있어서 <시기> 명칭의 분절을 <문화환경>을 중심으로 고찰하기 위하여 시도된다. 분절구조의 연구는 어휘분절구조 이론(Wort-feld)을 배경으로 하게 되는데, 이러한 구조의 이해는 궁극적으로 객관세계에 대한 관조방식의 발견을 의미한다.

훔볼트(W. v. Humboldt)는 언어에 걸친 지배적인 원리를 분절(Artikulation)로 인식하면서, 언어를 하나의 총체(Totalität)로서 규정하고 있는데, 이 분절 사상은 분절구조라는 형태로 구현된다. 훔볼트에게 있어서 어떠한 언어 사실도 개별화되어서는 존재할 수 없었기 때문에, 이러한 분절 사상이 출현하게 된 것이다[1]. 훔볼트의 분절성은 객관세계를 정신적으로 언어화하는 과정을 기점으로 하여, 그 정신이 반영되어 있는 모국어의 내용구조를 총괄하는 의미를 내포한다. 따라서 분절성은 세계를 관조하는 정신 활

---

1) 허발(1981): <낱말밭의 이론>, 고려대출판부, 14쪽 참조.

동과 불가분리의 관계에 있는 것이며, 그러한 활동의 결과는 전체성·체계성·유기체성(Sprachorganismus)의 원리와 부합되는 것이다. 그런데, 분절성 그 자체의 개념을 총체적으로 완전하게 다루기 위해서는, 그 유기체성 속에 반영되어 내재해 있는 정신 활동의 산물인 관점을 해석해야 하며[2], 분절구조에 대한 해명의 시도가 바로 그러한 관점들의 발견을 위한 출발점이 된다.

이 연구의 대상인 <시기> 분절은 [시기]라는 어휘소를 원어휘소(Archilexem)로 하면서 하위분절되어 있다. [시기]는 {정한 때. (어떤)일이나 현상이 진행되는 때}로 풀이되면서 <때(시간)+시점 지정+현상의 진행 과정+불특정 기간>이라는 특성을 문제삼고 있는 것으로 이해될 수 있을 것 같다. 그리고, 이 분절에서는 <날(日)보다 큰 단위>라는 특성도 문제삼고 있는 것으로 이해된다. 곧, 이 분절은 날보다 작은 단위인 <시간>의 경우에는 통용되지 않을 것으로 보인다. 그리고, 이 분절은 그 아래에 <자연환경>과 <문화환경>을 문제삼고 있다. 필자의 이 연구는 <자연환경> 분절에 대한 고찰(발표 예정)에 이어지는 작업으로서, 상위의 <시기> 분절구조 전체에 대한 해명 작업의 마무리를 의미한다.

2. 원어휘소와 기본구조

어휘분절구조 해명에 있어서 첫 번째의 과제는 해당 분절구조에 소속되어 있는 어휘들을 남김없이 수집하는 작업이다. 일반적으로 이러한 과정은 주로 사전에 의존하게 되는데, 이 연구에서는 자료 수집을 주로 다음의 사전류에 의존하였다.

---

2) H. Gipper(1974): "Inhaltbezogene Grammatik" Grundzuege der Literatur und Sprachwissenschaft, Band 2. Deutsche Taschenbuch Verlag, 134-135쪽 참조.

신기철/신용철 편저(1980) : <새 우리말 큰 사전: 상. 하>, 삼성출판사.
이가원/장삼식 편저(1973) : <상해 한자 대전>, 유강출판사.
이돈주(1992) : <한자학 총론>, 박영사.
이희승 편저(1986) : <국어 대사전>, 민중서림.
정소프트(주)(1997) : <컴퓨터용 전자사전 피시딕 7. 0>.
조재수/유재원/안정애(2000) : <바른글 한국어 전자사전>, 한글토피아.
한글과컴퓨터(1995) : <윈도우즈용 흔글 우리말 큰사전 1. 0>.
__________(2001) : <표준국어사전(국립국어연구원 저작)>.
한글학회(1996) : <우리말 큰사전>, 어문각.

그리고 위의 사전류를 참고로 하여 수집된 자료들을 가나다순으로 보이면 다음과 같다. 괄호 안의 숫자는 본문에서 논의되는 어휘 목록의 번호를 가리킨다.

가기(佳期)(61)	개화기(開化期)(10)
결산기(決算期)(4)	과기(科期)(7)
과도기(過渡期)(22)	과시(科時)(8)
궁절(窮節)(56)	궁춘(窮春)(55)
권태기(倦怠期)(67)	귀기(歸期)(96)
극성기(極盛期)(17)	금기(今期)(79)
금렵기(禁獵期)(35)	기기(起期)(5)
기한(期限)(97)	기회(機會)(62)
김장때(46)	김장철(47)
난시(亂時)(42)	납기(納期)(9)
농경기(農耕期)(27)	농궁기(農窮期)(57)
농기(農期)(23)	농번기(農繁期)(29)
농(사)철(農事-)(24)	농시(農時)(25)
농절(農節)(26)	농한기(農閑期)(30)
단경(기)(端境期)(32)	단석(旦夕)(45)
당기(當期)(82)	대목(59)

동기(同期)(83)　　　　동시(同時)(84)

만기(晩期)(78)　　　　말기(末期)(72)

말엽(末葉)(74)　　　　매기(每期)(88)

맥령(麥嶺)(53)　　　　번영기(繁榮期)(12)

벼때(31)　　　　　　　병기(病期)(48)

보릿고개(52)　　　　　불안기(不安期)(41)

사냥철(36)　　　　　　상반기(上半期)(91)

성기(盛期)(14)　　　　성시(盛時)(13)

(성)어기(盛漁期)(33)　쇠퇴기(衰退期)(20)

수기(需期)(39)　　　　수렵기(엽기)(狩獵期)(37)

시기(時期)(1)　　　　 시기(始期)(76)

시즌(SEASON)(64)　　 안정기(安定期)(40)

암흑기(暗黑期)(21)　　어한기(魚閒期)(34)

영농기(營農期)(28)　　유렵기(遊獵期)(38)

일시(一時)(86)　　　　임기(任期)(100)

입학기(入學期)(2)　　 잠복기(潛伏期)(49)

적기(適期)(63)　　　　적령기(適齡期)(65)

전기(前期)(89)　　　　전반기(前半期)(90)

전성기(全盛期)(16)　　전시(戰時)(44)

전환기(轉換期)(11)　　정기(定期)(99)

조기(早期)(77)　　　　졸업기(卒業期)(3)

종기(終期)(74)　　　　중기(中期)(70)

중엽(中葉)(71)　　　　차기(此期)(80)

차기(次期)(81)　　　　천시(天時)(66)

철한(鐵限)(98)　　　　초기(初期)(68)

초엽(初葉)(69)　　　　최성기(最盛期)(18)

춘궁(기)(春窮期)(54)　춘황(春荒)(58)

쾌유기(快癒期)(51)　　하반기(下半期)(94)

한때(85)　　　　　　　한물(19)

한세상(-世上)(87)　　 한창(때)(15)

호(시)기(好時期)(60)　혼란기(混亂期)(43)

회기(會期)(6)　　　　 회기(回期)(95)

회복기(恢復期)(50)   후기(後期)(92)
후반기(後半期)(93)   후엽(後葉)(75)

여기에 목록으로 나와 있는 어휘들은 유기체성과 전체성의 원리에 따라, 서로 협력하고 의존하는 관계를 유지하면서 어휘체계 형태로서 분절구조를 형성하고 있다. 이러한 유기체성과 전체성의 원리는 분절구조의 형태로 실현되는 것이며, 이 분절구조의 해명이 이 연구의 주된 과제가 된다.

(1) 시기(時期)

이 낱말은 전술한 바와 같이 이 분절을 대변하면서 이 분절에 있어서 원어휘소(Archilexem)로 자리하고 있다. 이 낱말은 인접하고 있는 낱말 [기간 : 期間]과도 비교될 만한데, [시기]는 일정한 단위의 시간 전체를 <통칭>하는데 비하여, [기간]은 {일정한 때에서 일정한 때까지의 사이}라는 내용을 문제삼으면서 일정한 단위의 시간 내부를 문제삼고 있다.

귀납적으로 이 분절은 그 아래에 <사회상>과 <지정방식>이 관심의 대상이 되면서 하위분절되고 있음이 발견되었다. [그림1]은 이러한 <문화환경> 분절의 기본구조를 보이기 위한 것이다.

[그림 1] 〈문화환경〉 분절의 기본구조

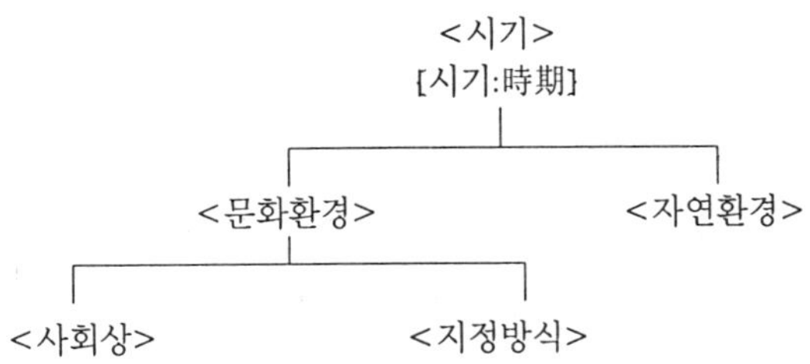

3. ⟨사회상⟩과 관련된 표현

이 분절은 다시 그 아래에 <제도>, <발전상>, <안정성>, <산업>, <생활상>, <인식>을 관조의 대상으로 삼으면서 하위분절되는 특징을 보이고 있다. <인식>은 <사회상> 분절과 독립적인 분절로 이해될 수도 있겠으나, 여기서는 기술의 편의상 <사회상> 분절의 아래에서 다루고자 한다. 이 <인식>과 관련된 표현의 낱말이 숫적으로 적고, 또 <인식>은 공동체 전체의 의식을 대변하는 것이기 때문에 <사회성> 안에서 다루어도 무리가 없을 것이기 때문이다. [그림 2]는 <사회상> 분절의 기본구조를 보이기 위한 것이다.

[그림 2] ⟨사회상⟩과 관련된 표현의 기본구조

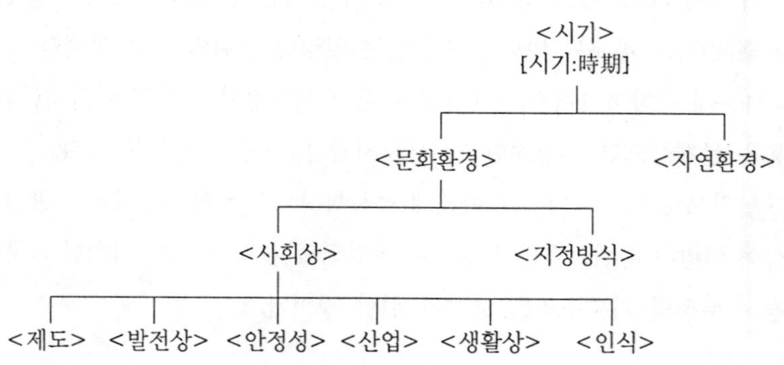

(2) 입학기(入學期)

이 낱말은 {입학하는 때. 신입생들이 입학하는 시기}로 풀이되면서 <시기+사회상+제도+학교+입학>이라는 특성을 문제삼고 있다.

(3) 졸업기(卒業期)

위의 낱말은 {졸업을 하게 되는 시기. 졸업하는 시기나 학기}로 풀이되면서 <시기+사회상+제도+학교+졸업>이라는 특성을 문제삼고 있다. 그러한 의미에서 이 낱말은 앞에서 논의된 (2)의 [입학기]와 대칭관계에 있는 것으로 이해될 만하다.

(4) 결산기(決算期)

이 낱말은 {상인이나 회사가 영업(상)의 결산을 하는 시기}로 풀이되면서 <시기+사회상+제도+결산>이라는 특성과 함께 사용되고 있다[3].

(5) 기기(起期)

위의 낱말은 {어떤 기간에서 기산점이 되는 시기}로 풀이된다. 따라서 이 낱말은 <시기+사회상+제도+기산점>이라는 특성과 함께 해명될 만하다. 이 낱말은 이밖에 {사물이 시작되는 시기}라는 내용을 문제삼기도 한다.

(6) 회기(會期)

이 낱말은 {회의하는 시기. 회합하는 시기}로 풀이되면서 <시기+사회상+제도+회의>라는 특성을 문제삼고 있다. 이 낱말은 이밖에 {개회로부

---

[3] 경제학에서는 {매월 1일에서 말일까지, 또는 월급날에서 다음 월급날의 바로 전날까지의 1개월간의 회계 기간이나 시기}라는 내용을 문제삼는 [소회계기: 小會計期]라는 전문용어 가 사용되고 있는 것 같다.

터 폐회까지의 기간}이나 {국회가 개회한 때부터 폐회할 때까지의 기간}
이라는 내용과 함께 사용되기도 한다.

(7) 과기(科期)

이 낱말은 {과거(科擧)를 보(이)는 시기}로 풀이되면서 <시기＋사회상
＋제도＋과거>라는 특성을 가지고 있다.

(8) 과시(科時)

이 낱말도 {과거를 보(이)는 때. 과기}로 풀이되면서 (7)과 같은 위치가
치를 가지는 것으로 이해된다. 다만, (7)의 [과기]에서는 주로 <시기>가
문제되고 있는데 반해, (8)의 [과시]는 <때(시간과 시기와 시절의 통칭 개
념)>를 문제삼고 있다는 특징이 개념형성의 과정과 관련하여 주목될 만하
다. 현재 이 두 낱말은 우리들의 사회제도의 변화와 함께 앞으로 역사 속에
묻혀질 것으로 추정된다.

(9) 납기(納期)

이 낱말은 {세금, 공과금(公課金) 따위를 내는 시기나 기한}으로 풀이되
면서 <시기＋사회상＋제도＋납부>라는 특성을 문제삼고 있다4).
  지금까지의 고찰에서 보인 어휘들은 공통적으로 <제도>를 관점으로

---

4) {채권자가 채무자에게 채무의 이행을 청구할 권리가 있는 시기. 채권자가 채무의 이행을
   청구할 권리가 있는 시기}로 풀이되면서 <시기＋사회상＋제도＋채무 이행 청구>라는 특
   성과 함께 이해될 만한 법률상의 전문용어인 [변제기: 辨濟期]가 사전에서 발견되었으나,
   이 낱말은 아직 전문용어로만 머물고 있는 것으로 보여 여기서는 논외로 하였다.

삼고 있다는 특징을 보이고 있다. 그리고, 이 <제도>의 아래에는 <학교
(입학, 졸업)>, <결산>, <회의>, <기산점>, <회의>, <과거>, <납부>
가 관심의 대상이 되면서 하위분절되고 있다. [그림 3]은 이러한 <제도>
분절의 특징을 도식화한 것이다.

[그림 3] <사회상+제도>와 관련된 표현

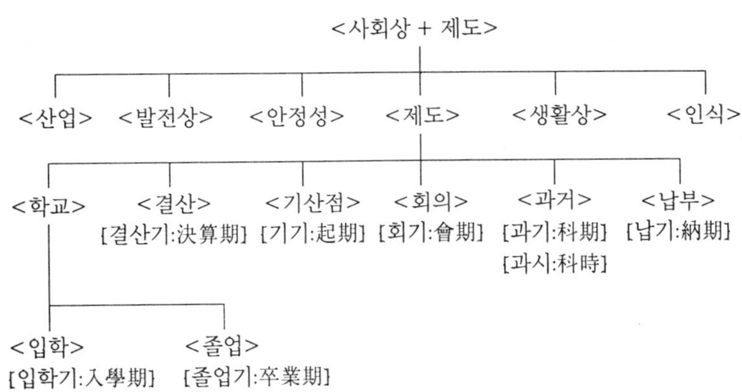

(10) 개화기(開化期)

이 낱말은 {사람의 지혜가 열리고, 사상과 풍속이 진보하는 시기. 새로
운 사상과 문화에 사람의 지혜가 열리는 시기}로 풀이되면서 <시기+사
회상+발전상+진보>라는 특성을 문제삼고 있다. 이 낱말은 역사학에서
{1876년의 병자수호조약이후부터 종래의 봉건적인 사회 질서를 타파하고
근대적 사회로 개화하여 가던 시기. 개항 때부터 대한제국이 망한 때까지
의 시기}라는 내용과 함께 전문용어로 사용되기도 한다.

(11) 전환기(轉換期)

　위의 낱말은 {변하여 다른 방향이나 상태로 바뀌는 시기}로 풀이되면서 <시기+사회상+발전상+변화>라는 특성과 함께 사용되고 있다.

(12) 번영기(繁榮期)

　이 낱말은 {번영하는(번성하고 영화롭게 되는) 시기. 번영한 시기}라고 풀이된다. 이 풀이를 배경으로 이 낱말은 <시기+사회상+발전상+번영>이라는 특성과 함께 해명될 만하다.

(13) 성시(盛時)

　이 낱말은 {왕성한 시기. 왕성한 때}로 풀이되면서 <시기+사회상+발전상+왕성함>이라는 특성을 문제삼고 있다. 이 낱말은 이밖에 {국운(國運)이 흥성한 때}, {혈기나 세력 따위가 한창인 때}라는 내용과 함께 사용되기도 한다.

(14) 성기(盛期)

　이 낱말도 {성시}라고 풀이되면서 (13)의 [성시]와 같은 위치가치를 문제삼기도 한다. (13)과 (14) 사이의 위상가치 차이에 대하여는 앞에서 논의된 (7)의 [과기]와 (8)의 [과시]의 관계에 준하여 이해될 수 있을 것 같다. (14)는 {한창때}라는 내용과 함께 사용되기도 한다.

(15) 한창(때)

이 낱말은 {가장 성할 때나 시기. 어떤 일이 가장 활기 있고 왕성하게 일어나는 때나 시기}로 풀이되면서 <시기+사회상+발전상+왕성함+가장 높은 정도>라는 특성으로 사용되고 있다. 이 낱말은 이밖에 {기운이나 의욕이나 원기가 가장 왕성한 때}, {어떤 상태가 가장 무르익은 때}, {어떤 일이 가장 활기 있고 왕성하게 일어나는 모양. 어떤 상태가 가장 무르익은 모양}이라는 내용과 함께 사용되기도 한다.

(16) 전성기(全盛期)

이 낱말도 {한창 왕성한 시기. 형세나 세력 따위가 가장 왕성한 시기}로 풀이되면서 위의 (15)와 같은 내용특성을 문제삼고 있다.

(17) 극성기(極盛期)

이 낱말 역시 {극히 왕성한 시기. 몹시 왕성한 시기. 한창 번성한 시기}라는 풀이와 함께 (15)와 같은 내용특성을 문제삼고 있다.

(18) 최성기(最盛期)

{가장 왕성한 시기. 가장 왕성하고 한창인 때}로 풀이되는 이 낱말도 (16-17)과 마찬가지로 (15)와 같은 내용의 차원에서 이해된다.

(16), (17), (18)의 한자말들은 (15)의 토박이말에 비하여 내용범위가 상대적으로 좁다는 특징을 보이고 있다. (16)의 [전성기]는 <성함+온전함>

을, (17)의 [극성기]는 <성함+극에 다달음>을, 그리고 (18)은 <성함+비교에 있어서 최상급>이라는 개념형성의 과정을 각각 수행한 것으로 이해될 만하다.

(19) 한물

이 낱말은 {채소, 어물 따위의 한창 성한 때나 시기}로 풀이되면서 <한창+채소와 어물 따위(품명)>이라는 특성을 문제삼고 있다. 이 낱말은 {채소, 과일, 어물 따위가 한창 수확되거나 쏟아져 나올 때}라는 내용과 함께 사용되기도 한다.

(20) 쇠퇴기(衰退期)

이 낱말은 {쇠하여 전보다 못한 시기}로 풀이되면서 <시기+사회상+발전상+쇠퇴>라는 특성을 문제삼고 있다.

(21) 암흑기(暗黑期)

위의 낱말은 {암흑의 시기. 도덕이나 문화가 쇠퇴하고 세상이 어지러운 시기. 쇠하여 전보다 못한 시기}로 풀이된다. 따라서 이 낱말은 <시기+사회상+발전상+쇠퇴+암흑(상태)>라는 특성을 가지면서 (20)의 [쇠퇴기] 아래에 포함되는 것으로 이해될 수 있겠다.

(22) 과도기(過渡期)

이 낱말은 {(주로, 사회적인 현상이)한 단계(상태)에서 다른 단계(상태)로 넘어가는 도중에 있는 동안이나 시기}로 풀이되면서 <시기+사회상+발전상+과도(과정)>라는 특성을 문제삼고 있다. 이 낱말은 이밖에 {사회의 사상과 제도가 확립되지 않고 인심이 불안정한 시기}, {사회적인 질서, 제도, 사상 따위가 아직 확립되지 않은 불안정한 시기}라는 내용과 함께 사용되기도 한다.

지금까지 논의된 (10-22)의 낱말들은 공통적으로 사회적인 <발전상>을 문제삼고 있다. 이 <발전상> 분절은 그 아래에 <진보>, <변화>, <번영>, <왕성(함)>, <쇠퇴(함)>, <과도(과정)>을 관심의 대상으로 삼으면서 하위분절되어 있다. 그리고 <왕성(함)>의 아래에는 <매우 높은 정도>가 관조의 대상이 되어 있으며, <쇠퇴(함)>의 아래에는 <암흑(상태)>가 관조의 대상이 되어 있다. 이러한 <발전상> 분절의 특징을 그림으로 그리면 [그림 4]가 될 것이다.

[그림 4] 〈사회상+발전상〉과 관련된 표현

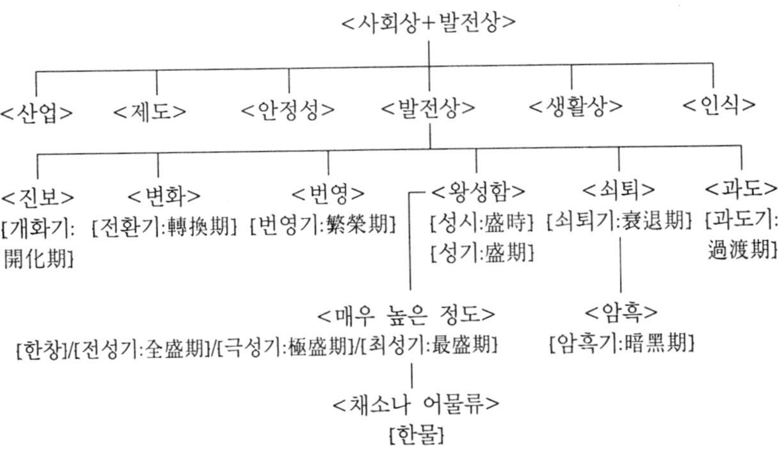

(23) 농기(農期)
(24) 농(사)철(農事-)
(25) 농시(農時)
(26) 농절(農節)
(27) 농경기(農耕期)
(28) 영농기(營農期)

이 6개의 낱말들은 공통적으로 {농사를 짓는 시기. 농사짓는 시기}로 풀이되면서 <시기＋사회상＋산업＋농업＋경작>이라는 특성과 함께 사용되고 있다. (23)의 [농기]에서는 <농사를 짓는 시기>, (24)의 [농사철]에서는 <농사를 짓는 철>이, (25)의 [농시]에서는 <농사를 짓는 때>가, (26)의 [농절]에서는 <농사를 짓는 계절>이, (27)의 [농경기]에서는 <농사를 경작하는 시기>가, 그리고 (28)의 [영농기]에서는 <농업을 경영하는 시기>가 각각 개념형성의 과정에 관여한 것으로 추정될 것 같다. 또한 이 낱말들은(특히 [농사철]과 [농절]) <철> 명칭의 분절에도 관계하는 것으로 이해된다.

(29) 농번기(農繁期)

이 낱말은 {농사일이 매우 바쁜 시기(모낼 때, 논맬 때, 추수할 때 따위가 이에 속함.)}로 풀이되는데, 이러한 풀이를 존중하게 되면 이 낱말은 <시기＋사회상＋산업＋농업＋일거리＋바쁨>과 같은 특성과 함께 이해될 수 있을 것 같다. 이 낱말은 {농사철}이라는 내용과 함께 사용되기도 한다.

(30) 농한기(農閑期)

위의 낱말은 {농사일이 바쁘지 아니하여 겨를이 많은 때나 시기. 농사일이 바쁘지 않은 때나 시기}로 풀이된다. 따라서 이 낱말은<시기＋사회상＋산업＋농업＋일거리＋한가함>이라는 특성을 문제삼으면서 앞에서 논의된 (29)의 [농번기]와 대칭관계에 있는 것으로 이해될 만하다.

(31) 벼때

이 낱말은 {벼가 여물어서 거두어들이게 된 때나 시기. 벼를 거두어들일 때나 시기. 벼가 여물어서 거두어들이게 된 때나 시기}로 풀이되면서 <시기＋사회상＋산업＋농업＋생산>이라는 특성을 문제삼고 있다.

(32) 단경(기)(端境期)

이 낱말은 {철이 바뀌어 묵은 것(쌀)이 떨어지고 햇것(햅쌀)이 나오는 때나 시기}로 풀이되면서 <시기＋사회상＋산업＋농업＋생산＋햇것>이라는 특성을 문제삼고 있다. 그러한 의미에서 이 낱말은 전술한 (31)의 [벼때] 아래에 포함되는 어휘소로 이해될 수도 있겠다. <경계의 끝이 되는 시기 → 묵은 것과 햇것의 경계>와 같은 개념형성의 과정이 추정될 만한 이 낱말은 {음력 구시월}이라는 내용을 문제삼으면서 <달> 명칭의 분절과 관계하기도 한다.

(33) (성)어기(盛漁期)

이 낱말은 {계절적으로 고기가 많이 잡히는 시기(때)}로 풀이되면서 <시기＋사회상＋산업＋어업＋성함>이라는 특성을 문제삼고 있다.

(34) 어한기(魚閒期)

위의 낱말은 {(물)고기가 잘 잡히지 않는 시기}로 풀이되면서 <시기+
사회상+산업+어업+불황>이라는 특성과 함께 사용되고 있다. 그러한 의
미에서, 이 낱말은 앞에서 논의된 (33)의 [성어기]와 대칭관계에 있는 것으
로 이해될 만하다.

(35) 금렵기(禁獵期)

이 낱말은 {사냥을 못하게 하는 시기나 기간}으로 풀이되면서 <시기+
사회상+산업+수렵+금지>라는 특성과 함께 사용되고 있다.

(36) 사냥철
(37) 수렵기(엽기)(狩獵期)
(38) 유렵기(遊獵期)

(36)은 {사냥이 허락되는 시기}로 풀이되면서 <시기+사회상+산업+
수렵+허용>이라는 특성을 문제삼고 있다. (37)과 (38)도 {사냥을 허락하
는 시기}로 풀이되면서 (36)과 같은 위치가치를 가지는 낱말들로 이해된
다. 따라서 (36-38)의 세 낱말들은 전술한 (35)의 [금렵기]와 대칭관계에
있는 것으로 이해될 만하다. (36)의 사냥철은 {사냥이 허락되는 철(수렵법
에 따라 9월이나 10월부터 이듬해 4월까지를 이른다)}이나, {어떤 짐승을
사냥하는 데 알맞은 때}라는 내용과 함께 사용되기도 한다. (37)에서는
<사냥+시기>라는 개념형성 과정이, 그리고 (38)에는 <놀이로 인식+사
냥>이라는 개념형성 과정이 관계하고 있는 것으로 이해될 것 같다.

(39) 수기(需期)

이 낱말은 {수요(需要)가 있는 시기. 필요하여 요구되는 시기}로 풀이되면서 <시기+사회상+산업+상업+수요>라는 특성을 문제삼고 있다. 이 낱말은 {필요하여 요구하는 때}라는 내용과 함께 사용되기도 한다5).

지금까지 고찰한 (23 - 39)의 낱말들은 모두 <산업>과 관련된 표현들이라는 점에서 공통점을 보이고 있다. 이 <산업> 분절의 아래에는 구체적으로 <농업>, <어업>, <수렵>, <상업>이 관심의 대상이 되어 있다. <농업> 분절에서는 <경작>, <일거리>, <생산>이 관조의 대상이 되어 있고, <어업>의 아래에는 <성함>과 <불황>이, 그리고 <수렵>의 아래에는 <금지>와 <허용>이 각각 관심사가 되어 있다. 이러한 <산업> 분절의 특징을 도식화하면 [그림 5]와 [그림 6]이 될 것이다.

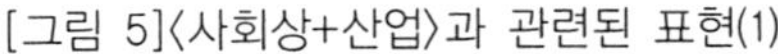

[그림 5]〈사회상+산업〉과 관련된 표현(1)

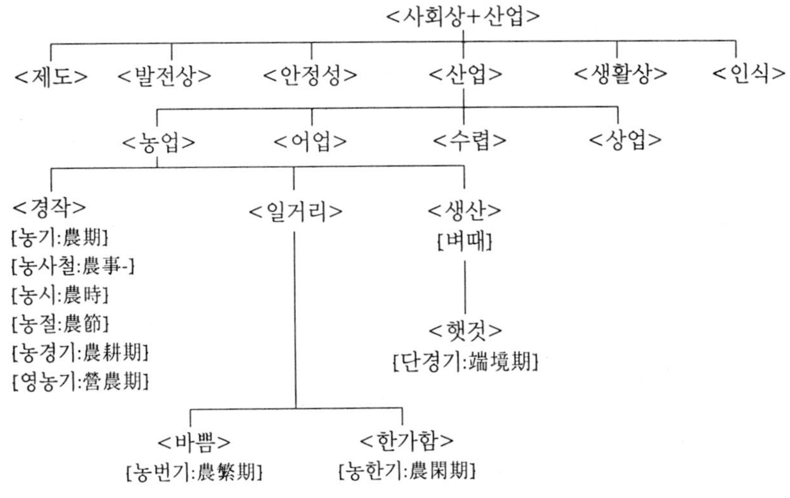

---

5) 사전에는 {여름에 시장, 가게. 사업 등의 불경기가 되어 한가해지는 시기나 철}과 같은 내용을 문제삼는 한자말 [하한기: 夏閑期]도 보인다.

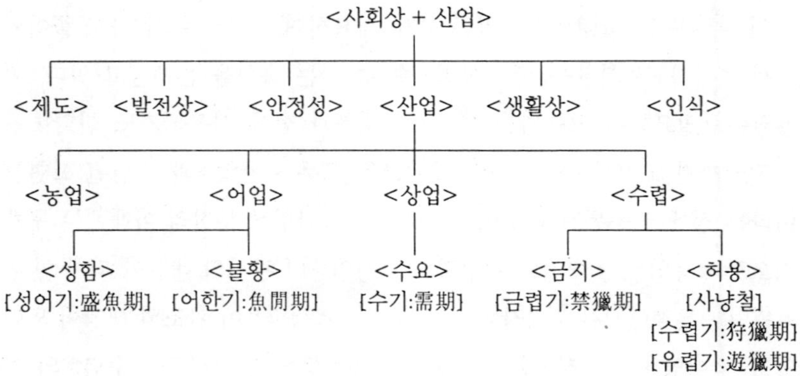

[그림 6] 〈사회상+산업〉과 관련된 표현(2)

(40) 안정기(安定期)

이 낱말은 {안정한 상태가 지속되는 시기나 기간. 바뀌어 달라지지 아니하고 일정한 상태를 유지하는 시기나 기간}으로 풀이되면서 <시기+사회상+안정성+안정>이라는 특성을 문제삼고 있다. 이 낱말은 이밖에 {극상(極相: 식물이 외계의 영향을 받아 변화하다가 최후로 그 지점에서의 생태적 조건에 가장 적합한 식물군을 이룬 안정된 상태)}이라는 내용과 함께 식물학에서 전문용어로도 사용되고 있는 듯하다.

(41) 불안기(不安期)

이 낱말은 {사회의 질서가 잡히지 못하여 뒤숭숭하고 불안스러운 시기}로 풀이된다. 따라서 이 낱말은 <시기+사회상+안정성+불안(정)>이라는 특성을 문제삼으면서 전술한 (40)의 [안정기]와 대칭관계에 있는 것으로 이해될 만하다.

(42) 난시(亂時)

이 낱말은 {세상이 어지러운 때}로 풀이되면서 <시기+사회상+안정성+어지러움>라는 내용을 문제삼으면서 사용되고 있다.

(43) 혼란기(混亂期)

이 낱말은 {어지럽고 질서가 문란한 시기. 갈피를 잡을 수 없이 어지러운 시기. 뒤죽박죽이 되어 어지럽고 질서가 없는 시기}로 풀이되면서 <시기+사회상+안정성+어지러움+질서문란(혼란함)>이라는 특성을 문제삼고 있다. 그러한 의미에서 이 낱말은 전술한 (42)의 [난시] 아래에 포함되는 것으로 보아도 좋을 듯하다.

(44) 전시(戰時)

이 낱말은 {전쟁이 벌어진 때. 전쟁 때. 전쟁을 하는 시기}로 풀이되면서 <시기+사회상+안정성+전쟁(때)>라는 특성과 함께 사용되고 있다.

(45) 단석(旦夕)

위의 낱말은 {위급한 시기}로 풀이되면서 <시기+사회상+안정성+위급함>이라는 특성을 문제삼고 있다. 이 낱말은 주로 {아침과 저녁. 조석(朝夕)}이라는 내용과 함께 사용되고 있으며, {시기나 상태 따위의 위급함이 절박한 모양. 상태가 절박한 모양}이라는 내용을 문제삼기도 한다.

지금까지의 고찰에서 보인 바와 같이, (40-45)의 여섯 낱말들은 공통적으로 사회의 <안정성>을 문제삼고 있다. 이 <안정성>의 분절에서는 그 아래로 <안정 : 불안(정)>, <어지러움>, <전쟁(때)>, <위급함>이 관조의 대상이 되어 있다. 그리고 <어지러움>의 아래에는 <질서문란>이 관심의 대상이 되어 있다. [그림 7]은 이러한 <안정성> 분절의 전체적인 특징을 도식화한 것이다.

[그림 7] 〈사회상+안정성〉과 관련된 표현

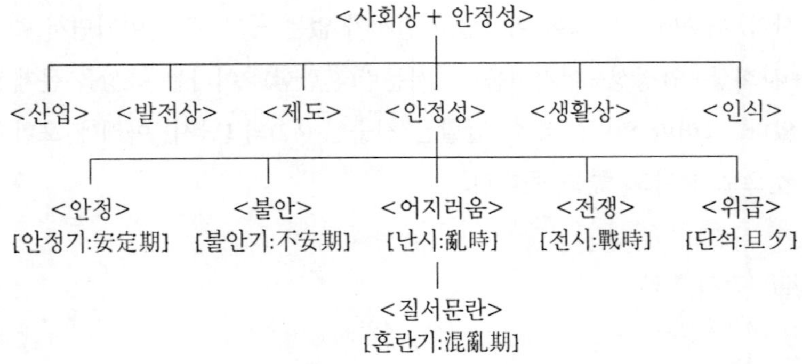

(46) 김장때
(47) 김장철

위의 두 낱말들은 공통적으로 {김장할 시기. 김장을 하는 입동 전후 시기}로 풀이되면서 <시기+사회상+생활상+김장>이라는 특성을 문제삼고 있다. (46)의 [김장때]에서는 <김장+때(넓은 의미)>가, (47)의 [김장철]에서는 <김장+철(계절)>이 각각 개념형성의 과정에 관여한 것으로 추정된다. 이 낱말들은 {김장하는 철}이라는 내용과 함께 <철> 분절에 관여하기도 한다.

(48) 병기(病期)

이 낱말은 본래 {질병의 경과를 그 특징에 따라 구분한 시기}라는 내용
과 함께 의학에서의 전문용어였었는데, 현재는 일반용어로도 도입되어 사
용되고 있다. 즉, 이 낱말은 <시기＋사회상＋생활상＋건강＋질병>이라는
특성을 문제삼으면서 사용되고 있다.

(49) 잠복기(潛伏期)

이 낱말은 {병원체가 몸 안에 들어가서 증세를 나타내기까지의 기간이
나 시기}로 풀이되면서 <병기＋잠복>이라는 특성과 함께 사용되고 있다.

(50) 회복기(恢復期)

위의 낱말은 {병세가 치유되어 가는 시기}라는 풀이와 함께 <병기＋치
유 과정>라는 특성을 문제삼고 있다. 이 낱말은 {경기(景氣)가 회복되는
시기}라는 내용을 문제삼기도 한다.

(51) 쾌유기(快癒期)

이 낱말은 {병이나 상처가 깨끗하게 나아가는 시기. 병이 차츰 나아가는
시기}로 풀이되면서 <병기＋완치 과정>이라는 특성을 문제삼고 있다.
(49)의 [잠복기], (50)의 [회복기], (51)의 [쾌유기]는 병세의 진행 과정상
계단대립의 관계를 유지하면서 공통적으로 전술한 (48)의 [병기] 아래에
포함되는 것으로 이해될 것 같다[6].

(52) 보릿고개

이 낱말은 {음력 4월, 5월쯤 묵은 곡식은 거의 떨어지고 보리는 아직 여물지 아니하여 농가의 생활(식량 사정)이 가장 어려운 시기(때)}로 풀이되면서 <시기+사회상+생활상+곤궁(가장 높은 정도)>라는 특성과 함께 사용되고 있다.

(53) 맥령(麥嶺)

이 낱말은 (52)의 토박이말 [보릿고개]에 대한 한자말로서 역시 {보릿고개}라 풀이되면서 같은 내용으로 해명된다. 이 한자말은 현재 우리들의 언어생활에서 점점 소외당하고 있다.

(54) 춘궁(기)(春窮期)

이 낱말도 {보릿고개. 봄철의 농민이 몹시 살기 어려운 때}로 풀이되면서 (52)의 [보릿고개]와 같은 자리를 차지하고 있다. 이 낱말의 개념형성의 과정에 있어서는 <봄+궁함 → 보릿고개>를 문제삼고 있다. 이는 (52)와 (53)에서 <보리(가 여물지 않음)+고비(고개) → 궁한 시기>라는 개념형성의 과정이 추정되는 것과 비교될 만하다.

---

6) 이밖에도, 의학의 전문용어로는 [병기]의 아래에 {(의학)정신 질환의 초기 증세. 질환의 증세가 나타나는 처음의 시기}라는 내용의 [초기(初期)], {체온이 높아지는 시기}라는 내용의 [발열기(發熱期)], {병의 기본 증상이 심하게 나타나는 시기}라는 내용의 [극기(極期)], {신체의 아랫부분에 열이 나타나는 시기}라는 내용의 [하열기(下熱期)], {병세(病勢)가 차츰 회복되는 시기}라는 내용의 [퇴행기(退行期)] 따위가 사용되고 있으나, 이 낱말들은 여전히 전문용어로만 머물고 있는 것으로 보여 논외로 하였다. [초기(初期)]가 {어떤(일정한) 기간의 처음이 되는 시기나 때}라는 내용을 문제삼을 때는 이 연구의 대상이 되는데, 이에 대하여는 후술하게 된다.

(55) 궁춘(窮春)

(54) [춘궁]의 역순 형태인 이 낱말도 역시 (54)와 같은 내용의 차원에서 이해될 것이다. 다만, 사용 분포상 이 낱말은 (54)의 세력에 밀려 크게 위축된 상태에 있는 낱말로 보인다.

(56) 궁절(窮節)

이 낱말도 {보릿고개}로 풀이되면서 (52-55)와 같은 내용의 차원에서 이해된다. 이 낱말에서는 <궁함+계절 → 보릿고개>라는 개념형성의 과정이 수행된 것으로 추정되며, 그러한 연유로 이 낱말은 <철> 명칭 분절과도 관계하고 있다.

(57) 농궁기(農窮期)

위의 낱말 역시 {농촌이 가장 궁한 시기}로 풀이되면서 <시기+사회상+생활상+곤궁(매우 높은 정도)>라는 특성과 함께 사용되고 있다. 이 낱말에서는 첨가적으로 <공간+농촌>이라는 특성도 문제되어 있다. 그리고 이 낱말은 {농촌이 가장 궁한 철}이라는 내용을 문제삼으면서 <철> 명칭 분절과 관계하기도 한다.

(58) 춘황(春荒)

역시 {보릿고개}로 풀이되는 이 낱말도 전술한 [보릿고개]와 같은 자리에 위치하고 있는데, 이 낱말에서는 <봄+황폐할 정도 → 매우 곤궁한 봄 → 보릿고개>와 같은 개념형성의 과정이 추정될 것 같다. 이 한자말은 현재 우리들의 언어생활에서 점차 소외당하고 있다.

(59) 대목

이 낱말은 {설이나 추석 같은 것을 앞둔 긴요한 시기}로 풀이되면서 <시기+사회상+생활상+명절 전(+긴요함)>이라는 특성을 문제삼고 있다. 이 낱말은 이밖에 {가장 요긴한 고비나 때}, {일의 어떤 부분이나 대상}, {글의 동강이나 단락}이라는 내용과 함께 사용되기도 한다.

지금까지 논의된 (46-59)의 낱말들은 공통적으로 <생활상>과 관계하고 있다. 이 <생활상>의 아래에서는 <김장>, <건강+질병>, <곤궁(함)>, <명절 전>이 관조의 대상이 되어 있다. 그리고, <건강+질병>의 아래에는 진행 과정으로서 <잠복>, <치유 과정>, <완치 과정>이 계단 대립의 모습으로 관계하고 있다. [그림 8]은 이러한 <생활상> 분절의 특징들을 보이기 위한 것이다.

[그림 8] 〈사회상+생활상〉과 관련된 표현

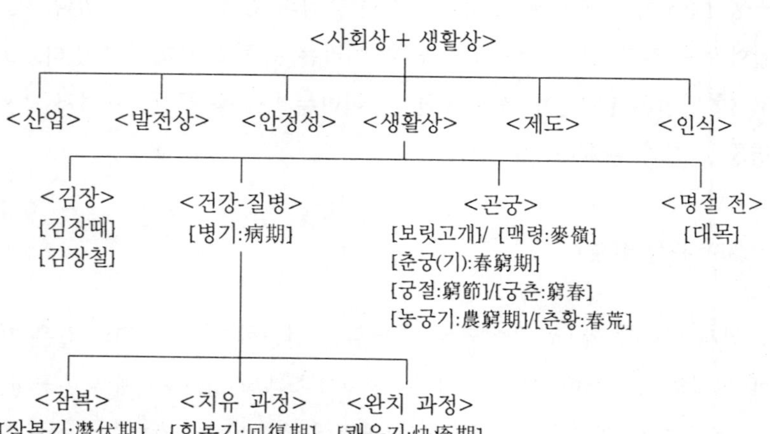

(60) 호(시)기(好時期)

이 낱말은 {좋은 시기}로 풀이되면서 <시기+사회상+인식+선호도 높음>이라는 특성과 함께 사용되고 있다.

(61) 가기(佳期)

이 낱말은 {좋은 시기. 애인을 처음 만나게 되는 좋은 시기(때). 처음 사랑을 맺게 되는 좋은 시기}로 풀이되면서 <시기+사회상+인식+선호도 높음+연인을 만남>이라는 특성을 문제삼고 있다. 그러한 의미에서, 이 낱말은 전술한 (60)의 [호시기] 아래에 포함되는 것으로 볼 수 있겠다. 그리고, 이 낱말은 {좋은 철(계절)}이라는 내용을 문제삼으면서 <철> 명칭의 분절과 관계하기도 한다.

(62) 기회(機會)

이 낱말은 {어떠한 일을 하는 데 적절한 시기}로 풀이되면서 <시기+사회상+인식+알맞음(적절함)>이라는 특성과 함께 사용되고 있다. 이 낱말은 {어떠한 일을 하는 데 적절한 경우. 어떠한 일을 하여 나아가는 데에 가장 알맞고 효과적인 고비}라는 내용과 함께 주로 사용되고 있으며, 그러한 내용과 함께 이 낱말은 그 아래에 많은 낱말들을 포함하면서 그 낱말들에 대한 원어휘소로 기능하기도 하는데, 이에 대하여는 별도로 다루려 한다. 이 낱말은 {겨를이나 짬}이라는 내용과 함께 사용되기도 한다.

(63) 적기(適期)

이 낱말도 {알맞은 시기}로 풀이되면서 앞에서 논의된 (62)의 [기회]와 같은 방법으로 해명될 만하다. 다만, 이 낱말은 이러한 내용만 문제삼고 있기 때문에, (62)에 비하여 내용범위가 상대적으로 좁다는 특징을 보이고 있다.

(64) 시즌(SEASON)

이 낱말 역시 {알맞은 시기}로 풀이되면서 위의 (63)과 같은 방법으로 해명될 것이다. 이 도입된 말은 이밖에 {행사, 스포츠 등이 활발하게 행하여지는 시기}라는 내용을 문제삼기도 하며, {철. 제철. 제때}이라는 내용과 함께 사용되기도 한다.

(65) 적령기(適齡期)

이 낱말은 {알맞은 나이에 이른 때나 시기. 나이가 어떤 표준이나 규정에 이른 때나 시기}로 풀이되면서 <적기+나이>라는 특성을 문제삼고 있으며, 그러한 의미에서 이 낱말은 앞에서 논의된 (63)의 [적기] 아래에 포함되는 것으로 이해될 것 같다.

(66) 천시(天時)

이 낱말은 {하늘의 도움이 있는 시기}로 풀이되면서 <시기+사회상+인식+하늘의 도움>라는 특성을 문제삼고 있다. 이 낱말은 {때를 따라서 돌아가는 자연의 현상. 곧, 시간이나 날, 밤과 낮, 더위와 추위 따위. 주야(晝夜), 계절, 한서(寒暑) 등과 같이 때를 따라서 돌아가는 자연의 현상}이라는 내용과 함께 사용되기도 한다.

(67) 권태기(倦怠期)

이 낱말은 권태를 느끼는 시기로 풀이되면서 <시기＋사회상＋인식＋권태(를 느낌)>이라는 특성을 문제삼고 있다.

지금까지의 고찰에서 보인 바와 같이, (60-67)의 낱말들은 공통적으로 사회적인 <인식>이 관심사가 되어 있다. 이 <인식> 분절의 아래에는 <선호도 높음>, <알맞음>, <하늘의 도움>, <권태(를 느낌)>이 관조의 대상이 되어 있다. 이러한 <인식> 분절의 구조상 특징을 그림으로 그리면 [그림 9]가 될 것 같다.

[그림 9] 〈사회상+인식〉과 관련된 표현

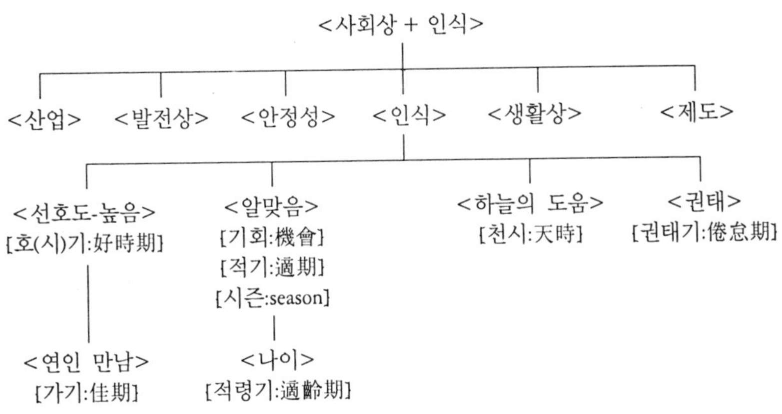

4. 〈지정방식〉과 관련된 표현

이 <지정방식> 분절의 아래에는 시간이 진행되는 <과정>이 문제되어 있고, 논의되는 시기의 <수치>가 관조의 대상이 되어 있으며, <약속>과 관련된 표현이 관심의 대상이 되어 있다. <지정방식> 분절의 이러한 하위구조를 도식화하면 [그림 10]이 될 것이다.

[그림 10] 〈지정방식〉과 관련된 표현의 기본구조

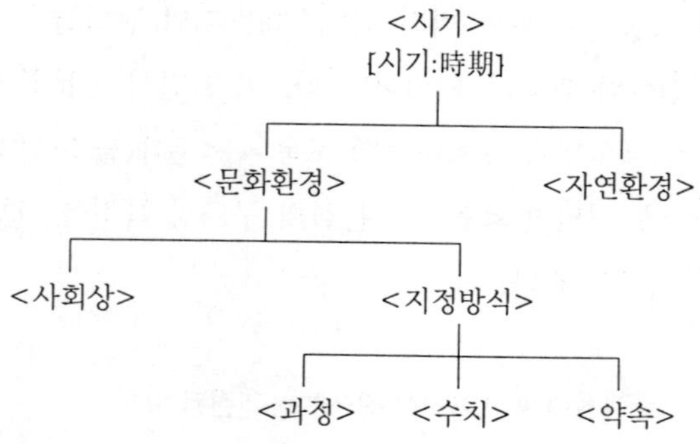

(68) 초기(初期)

이 낱말은 어떤(일정한) 기간의 처음이 되는 시기나 때로 풀이되면서 <시기+문화환경+지정방식+과정+순서+처음>이라는 특성을 문제삼고 있다. 앞에서(각주에서) 논의된 바와 같이 이 낱말은 의학 전문용어로 사용되면서(의학)정신 질환의 초기 증세. 질환의 증세가 나타나는 처음의 시기라는 내용과 함께 사용되기도 한다.

(69) 초엽(初葉)

이 낱말도 어떠한 시기를 처음, 가운데, 끝의 셋으로 나눌 때에 그 초기
를 이르는 말로 풀이되면서 앞의 (68)과 마찬가지로 <시기＋문화환경＋지
정방식＋과정＋순서＋처음>이라는 특성과 함께 사용되고 있다. 그러나 이
낱말은 어떠한 시대의 초기. 어떠한 시대를 처음, 가운데, 끝의 셋으로 나
눌 때에 그 초기를 이르는 말이라는 내용과 함께 <시대> 명칭의 분절과
도 관계하고 있다.

(70) 중기(中期)

위의 낱말은 처음과 끝의 가운데 시기. 중간의 시기로 풀이되면서 <시
기＋문화환경＋지정방식＋과정＋순서＋가운데>라는 특성을 가지고 있다.
이밖에 이 낱말은 길지도 짧지도 않은 중간쯤 되는 기간이라는 내용과 함
께 사용되기도 하며, (생물)유사 분열에서 염색체가 적도면(赤道面)에 나
열하여 방추체를 완성하는 시기라는 내용과 함께 전문용어로 사용되기도
한다.

(71) 중엽(中葉)

이 낱말 역시 어떠한 시기를 처음, 가운데, 끝의 셋으로 나눌 때 그 가운
데 부분을 이르는 말. 중간시기. 세기의 중간 무렵으로 풀이되면서 앞에서
논의된 (70)의 [중기]와 같은 방법으로 해명될 것이다. 이 낱말은 어떠한
시대를 처음, 가운데, 끝의 셋으로 나눌 때 그 가운데 부분을 이르는 말.
중간시대. 시대의 중간 무렵이라는 내용과 함께 사용되기도 하며, (식물)

식물의 줄기를 향하여 가운데 쪽에 있는 잎이나 (음악)우리 전통 음악의 한 형식인 엽(葉)의 하나라는 내용과 함께 전문용어로 사용되기도 한다. 그러한 의미에서 (70)과 (71)은 서로 내용범위를 달리하는 것으로 이해될 것이다.

(72) 말기(末期)

이 낱말은 끝장의 시기로 풀이되면서 <시기+문화환경+지정방식+과정+순서+끝>이라는 내용과 함께 사용되고 있다. 이 낱말은 끝장의 때나 정해진 기간이나 일의 끝 무렵이라는 내용과 함께 사용되기도 한다. 이 낱말은 앞에서 논의된 (68)의 [초기], (70)의 [중기]와 계단대립의 관계에 있는 것으로 이해될 만하다.

(73) 종기(終期)

이 낱말도 말기로 풀이되면서 위에서 논의된 (72)의 [말기]와 같은 방법으로 해명된다. 그러나 이 낱말은 어떠한 일이 끝나는 시기라는 내용과 함께 <일의 진행과정>을 문제삼기도 한다. 또한 이 낱말은 법률 행위의 효력이 소멸하는 기한이나, (생물)유사 분열에서, 염색체가 두 극에서 휴지핵으로 돌아가는 시기라는 내용과 함께 전문용어로 사용되기도 한다.

(74) 말엽(末葉)

이 낱말은 어떠한 시기를 처음, 가운데, 끝의 셋으로 나눌 때 그 마지막 부분을 이르는 말로 풀이되면서 앞에서 논의된 (72)의 [말기], (73)의 [종기]

와 같은 방법으로 해명될 것이다. 그리고 이 낱말은 (69)의 [초엽], (71)의 [중엽]과 계단대립의 관계에 있는 것으로 이해될 것이다. 이 낱말은 어떠한 시대를 처음, 가운데, 끝의 셋으로 나눌 때 그 마지막 부분을 이르는 말이라는 내용과 함께 사용되기도 하며, 후손(後孫)이라는 내용과 함께 사용되기도 한다.

(75) 후엽(後葉)

이 낱말도 말엽(末葉)이라 풀이되면서 (74)의 [말엽]과 같은 방법으로 해명될 것이다. 이 낱말은 후대(後代)라는 내용과 함께 사용되기도 한다.

(76) 시기(始期).

이 낱말은 {어떤 일이 시작되는 시기나 때}라는 사전 뜻풀이와 함께 <시기＋문화환경＋지정방식＋과정＋시작>이라는 특성을 문제삼고 있다. 이 낱말은 {(법률)법률 행위의 효력이 발생하거나 채무의 이행을 청구할 수 있는 기한}이라는 내용과 함께 전문용어로 사용되기도 한다.

(77) 조기(早期)

이 낱말은 {이른 시기}로 풀이되면서 <시기＋문화환경＋지정방식＋과정＋경과＋이름>이라는 특성과 함께 사용되고 있다.

(78) 만기(晩期)

이 낱말은 {느지막한 시기}로 풀이되면서 <시기＋문화환경＋지정방식
＋과정＋경과＋늦음>이라는 특성을 문제삼고 있다. 그러한 의미에서 이
낱말은 앞에서 논의된 (77)의 [조기]와 서로 대칭관계에 있는 것으로 이해
될 만하다. 이밖에 이 낱말은 {만년(晩年)의 시기}나, {말기(末期)}라는 내
용을 문제삼기도 한다.

(79) 금기(今期)

이 낱말은 {이번 시기}로 풀이되면서 <시기＋문화환경＋지정방식＋과
정＋발화시점＋현재>라는 특성과 함께 사용되고 있다. 이 낱말은 {이번
기간}이라는 내용을 문제삼기도 한다.

(80) 차기(此期)

이 낱말도 {이 시기}로 풀이되면서 전술한 (79)의 [금기]와 마찬가지로
<시기＋문화환경＋지정방식＋과정＋발화시점＋현재>를 문제삼고 있다.
이 낱말은 개념형성의 과정에 있어서 <지칭(저것에 대한 이것)>과 관계
하고 있는데 비하여, (79)의 [금기]는 <시간(어제와 대비되는 지금이라는
시간)>을 개념형성의 과정에 있어서 문제삼고 있다.

(81) 차기(次期)

이 낱말은 {다음(의) 시기}로 풀이되면서 <시기＋문화환경＋지정방식
＋과정＋발화시점＋미래>라는 특성을 문제삼고 있다. 이 낱말은 전술한
(79-80)과 시간상 대칭관계에 있는 것으로 이해될 만하다. 이 낱말은 {다음

계제(階梯)}라는 내용과 함께 사용되기도 한다.

(82) 당기(當期)

이 낱말은 {일이 있는 바로 그 시기}로 풀이되면서 <시기＋문화환경＋
지정방식＋과정＋사건시점＋당시>라는 특성과 함께 사용되고 있다. 이밖
에 이 낱말은 {이 기간. 그 기간}이라는 내용과 함께 사용되기도 하며,
{(법률)어떤 법률 관계를 연, 월, 주 따위로 나눌 경우에 현재 지내고 있는
기간}이라는 내용과 함께 전문용어로도 사용되고 있다.

(83) 동기(同期)

이 낱말은 {같은 시기나 기간}으로 풀이되면서 <시기＋문화환경＋지정
방식＋과정＋비교＋동일>이라는 특성을 문제삼고 있다. 이밖에 이 낱말은
{학교나 훈련소 따위에서의 같은 기(期)}, {동기생}이라는 내용과 함께
사용되기도 하며, {(전기)둘 이상의 주기 현상(週期現象)이 그들 사이의
상호 작용이나 외부로부터의 신호 작용에 의하여, 같은 위상(位相) 또는
일정한 위상차(位相差)가 되는 일}이라는 내용과 함께 전문용어로도 사용
되고 있다.

(84) 동시(同時)

이 낱말이 {같은 때나 시기}로 풀이될 때는 전술한 (83)의 [동기]와 마찬
가지로 <시기＋문화환경＋지정방식＋과정＋비교＋동일>이라는 특성을
문제삼게 된다. 그러나, 이 낱말은 (83)이 그밖의 내용과는 무관한 가운데

(83)과는 내용범위를 달리하고 있다. 이 낱말은 {(주로 '동시에' 꼴로 쓰여) 어떤 사실을 겸함}이라는 내용과 함께 사용되기도 한다.

지금까지 논의된 (68-84)의 낱말들은 공통적으로 <지정방식>가운데 <과정>을 문제삼고 있다. 이 <과정>의 아래에는 <순서>, <시작>, <경과>, <시점>,<비교>가 관조의 대상이 되어 있다. <순서>의 아래에는 <처음/가운데/끝>이 계단대립의 모습으로 문제되어 있고, <경과>의 아래에는 <이름/늦음>이 대칭관계의 모습으로 관계하고 있으며, <시점>의 아래에는 <발화시점>과 <사건시점>이 관심의 대상이 되어 있다. <발화시점>의 아래에는 <현재>와 <미래>가 관조의 대상이 되어 있으며, <비교>의 아래에는 <동일(성)>이 문제되어 있다. 이러한 <과정> 분절의 특징을 도식화하면 [그림 11]과 [그림 12]가 될 것이다.

[그림 11] 〈지정방식+과정〉과 관련된 표현(1)

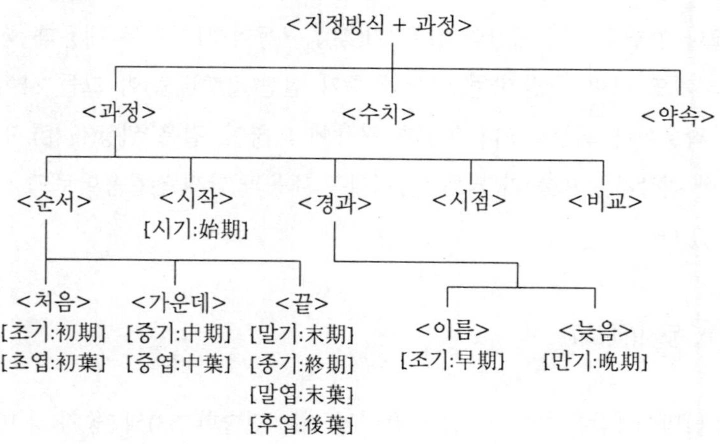

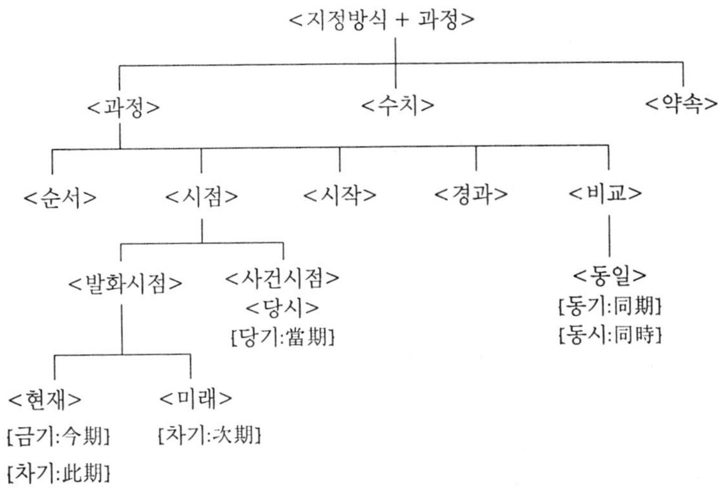

[그림 12] 〈지정방식+과정〉과 관련된 표현(2)

(85) 한때

이 낱말은 {어느 한 시기}로 풀이되면서 <시기＋문화환경＋지정방식＋수치＋단일>이라는 특성을 문제삼고 있다. 이 낱말은 {같은 때}라는 내용과 함께 사용되기도 한다.

(86) 일시(一時)

앞에서 논의된 (85)의 토박이말 [한때]에 상응하는 이 한자말도 {한때}로 풀이되면서 <시기＋문화환경＋지정방식＋수치＋단일>이라는 특성을 문제삼고 있다. 이 낱말은 {어느 한 시기의 짧은 동안에}라는 내용과 함께 어찌씨로 사용되기도 한다.

(87) 한세상(-世上)

이 낱말은 {한창 잘사는 한때}로 풀이되면서 <시기+문화환경+지정방식+수치+단일+잘살다>라는 특성을 문제삼고 있다. 따라서 이 낱말은 전술한 (85-86)의 아래에 포함되는 것으로 이해될 만하다. 이 낱말은 보편적으로 {한평생 사는 동안}이라는 내용과 사용되고 있다.

(88) 매기(每期).

이 낱말은 {일정하게 갈래 지은 하나하나의 시기. 일정하게 구분하여 정해진 하나하나의 시기}로 풀이되면서 <시기+문화환경+지정방식+수치+단일+반복(성)>이라는 특성을 문제삼고 있다. 그러한 의미에서 이 낱말은 앞에서 논의된 (85-86)의 아래에 포함되는 것으로 이해될 만하다. 이 낱말은 {일정한 기간마다. 일정하게 구분하여 정해진 기간마다}라는 내용과 함께 어찌씨로 사용되기도 한다.

(89) 전기(前期)

이 낱말은 {일정 기간을 몇 개(대개 두 개)로 나눈 첫 시기. 앞의 시기}로 풀이되면서 <시기+문화환경+지정방식+수치+절반(이하)+앞>이라는 특성과 함께 사용되고 있다. 이 낱말은 {앞의 결산기}로 사용되기도 하며, {(생물)유사 분열에서, 세포가 분열을 시작하는 시기}라는 내용과 함께 전문용어로 사용되기도 한다.

(90) 전반기(前半期)

이 낱말도 {어떤 기간을 둘로 나누었을 때의 앞부분에 해당하는 시기.

한 시기를 반씩 둘로 나눈 것의 앞 시기}로 풀이되면서 앞의 (89)와 마찬가지로 <시기+문화환경+지정방식+수치+절반+앞>이라는 특성을 문제삼고 있다.

(91) 상반기(上半期)

이 낱말도 {한 해나 어떤 일정한 기간을 둘로 똑같이 나눌 때에 앞의 절반 기간이나 시기. 한 해를 둘로 나누어 그 먼저 되는 기간이나 시기}로 풀이되면서 (89-90)과 마찬가지로 <시기+문화환경+지정방식+수치+절반+앞>이라는 특성을 문제삼고 있다. 다만, 이 낱말은 <나누는 기간의 단위가 주로 한 해>일 경우에 사용되는 특징을 보이고 있다.

(92) 후기(後期)

이 낱말은 {일정 기간을 둘(이상)로 나누었을 때의 맨 뒤 기간이나 시기. 뒤의 시기}로 풀이되면서 <시기+문화환경+지정방식+수치+절반(이하)+뒤>라는 특성을 문제삼고 있다. 이 낱말은 전술한 (89)의 [전기]와 대칭관계에 있는 것으로 이해될 것이다. 이 낱말은 {뒷날의 기약}이라는 내용과 함께 사용되기도 하며, {(생물)유사 분열에서, 염색체가 좌우의 극에 모이는 시기}라는 내용과 함께 전문용어로 사용되기도 한다.

(93) 후반기(後半期)

이 낱말도 {한 시기를 둘로 나눈 것의 뒤쪽 기간이나 시기}로 풀이되면서 앞의 (92)와 마찬가지로 <시기+문화환경+지정방식+수치+절반+뒤>라는 특성과 함께 사용되고 있다. 이 낱말은 앞에서 논의된 (90)의 [전반기]와 대칭관계에 있는 것으로 이해될 것이다.

(94) 하반기(下半期)

이 낱말은 {한 해나 어떤 일정한 기간을 둘로 나누었을 때 나중 되는 기간이나 시기. 1년을 둘로 나눈 것의 나중 되는 기간이나 시기}로 풀이되면서 <시기+문화환경+지정방식+수치+절반+뒤>라는 특성을 문제삼으면서 전술한 (91)의 [상반기]와 대칭관계에 있다. 이 낱말에 있어서도 (91)이 문제삼고 있는 <나누는 기간의 단위가 주로 한 해>라는 특성과 관계하고 있기 때문이다[7].

지금까지 논의된 (85-94)의 낱말들은 공통적으로 <수치>와 관계하고 있다. 이 <수치>의 분절에서는 <단일>과 <절반(혹은 절반 이하)>가 관심의 대상이 되어 있다. <단일>의 아래에는 <잘살다>와 <반복(성)>이 관조의 대상이 되어 있다. [그림 13]은 이러한 <수치> 분절의 구조상의 특징을 도식화한 것이다.

[그림 13] 〈지정방식+수치〉와 관련된 표현

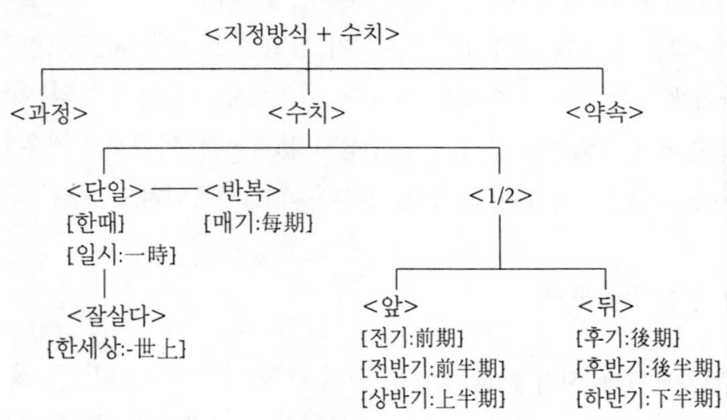

---

7) {일 년을 4등분 한 3개월씩의 기간이나 시기}를 문제삼는 [분기: 分期]와 그 아래에 포함되는 [사분기:四分期], [일사분기:一四分期], [이사분기:二四分期], [삼사분기:三四分期], [사사분기:四四分期] 따위는 아직 전문용어로 머물고 있는 것으로 보아 논외로 하였다.

(95) 회기(回期)

이 낱말은 {돌아올 시기}로 풀이되면서 <시기＋문화환경＋지정방식＋
약속＋돌아옴>이라는 특성과 함께 사용되고 있다.

(96) 귀기(歸期)

이 낱말도 {돌아가거나 돌아올 시기나 기한}으로 풀이되면서 앞의 (95)
와 마찬가지로 <시기＋문화환경＋지정방식＋약속＋돌아옴>이라는 특성
을 문제삼고 있다. 그러나, 이 낱말의 경우는 <돌아감>이라는 특성도 문
제삼고 있다는 특징을 가지고 있다. 이 낱말은 {돌아가거나 돌아오기로
약속한 때}라는 내용으로 사용되기도 한다.

(97) 기한(한기)(期限, 限期)

이 낱말은 {미리 어느 때라고 정한 시기}로 풀이되면서 <시기＋문화환
경＋지정방식＋약속＋한정>이라는 특성을 문제삼고 있다. 이밖에 이 낱말
은 {미리 기일을 한정하여 놓은 때}, {미리 어느 때라고 정함}, {어느 때까
지를 기약함}이라는 내용과 함께 사용되기도 하며, {법률행위의 효력을
발생시키거나 소멸시키는 시기. 또는, 그렇게 할 계기라고 미리 정한, 장래
에 일어날 것이 확실한 어떤 사실}이라는 내용과 함께 전문용어로 사용되
기도 한다.

(98) 철한(鐵限)

이 낱말은 {변경하지 못할 기한}으로 풀이되면서 <시기＋문화환경＋지정방식＋약속＋한정＋불변>이라는 특성과 함께 사용되고 있다. 그러한 의미에서 이 낱말은 전술한 (97)의 [기한] 아래에 포함되는 것으로 이해될 만하다. 이 낱말은 {변경하지 못할 작정}이라는 내용으로 사용되기도 한다.

(99) 정기(定期)

이 낱말은 {일정하게 정하여진 시기(나 기한)}로 풀이되면서 <시기＋문화환경＋지정방식＋약속＋한정＋반복(성)>이라는 특성을 가지고 있다. 따라서 이 낱말 역시 전술한 (97)의 [기한] 아래에 포함되는 것으로 이해될 만하다.

(100) 임기(任期)

이 낱말은 {업무를 맡아보는 일정한 기한. 임무를 맡는 일정한 기한}으로 풀이되면서 <시기＋문화환경＋지정방식＋약속＋한정＋직무(수행)>이라는 특성을 문제삼고 있다. 그러한 의미에서 이 낱말도 또한 전술한 (97)의 [기한] 아래에 포함되는 것으로 이해될 것이다.

지금까지 논의되어진 (95-100)의 낱말들은 공통적으로 <지정방식> 가운데 <약속>을 관조의 대상으로 삼고 있다. 이 <약속> 분절의 아래에서는 <돌아옴(돌아가거나 돌아옴)>과 <한정>이 관심의 대상이 되어 있다. 그리고 이 <한정>의 아래에는 다시 <불변>, <반복(성)>, <직무(수행)>이 문제되어 있다. 이러한 <약속> 분절의 특징을 도식화하면 [그림 14]가 될 것이다.

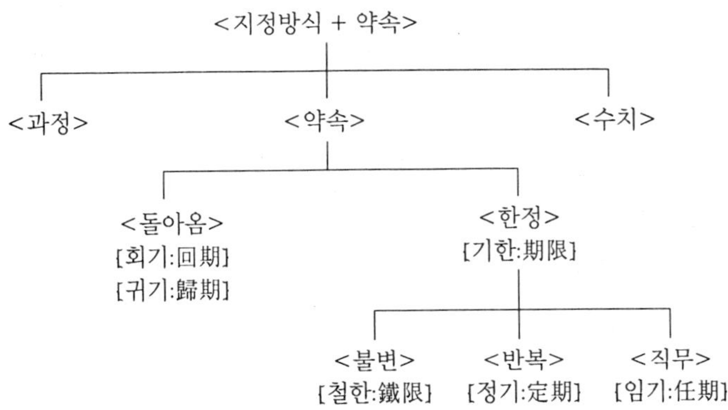

[그림 14] 〈지정방식+약속〉과 관련된 표현

5. 마무리

이 연구는 현대국어에 있어서 <시기> 명칭 가운데 <문화환경>과 관련된 분절구조를 어휘분절구조 이론(Wort-feld)을 배경으로 해명해 보기 위하여 시도된 것인데, 이러한 고찰 과정을 통하여 발견된 특징을 요약하여 정리하면 다음과 같다.

(1) 이 분절에 있어서 원어휘소의 자리는 [시기(時期)]가 차지하고 있으며, 이 분절은 그 아래에 <사회상>과 <지정방식>이 관심의 대상이 되면서 하위분절되어 있다.

(2) <사회상> 분절은 그 아래에 <제도>, <발전상>, <안정성>, <산업>, <생활상>, <인식>을 관조의 대상으로 삼으면서 하위분절되어 있다.

(3) <제도>의 분절에서는 <학교(입학, 졸업)>, <결산>, <회의>, <기산점>, <회의>, <과거>, <납부>가 관심의 대상이 되어 있다.

(4) <발전상> 분절은 그 아래에 <진보>, <변화>, <번영>, <왕성

<함)>, <쇠퇴(함)>, <과도(과정)>을 관심의 대상으로 삼으면서 하위분절되어 있다. 그리고 <왕성(함)>의 아래에는 <매우 높은 정도>가 관조의 대상이 되어 있으며, <쇠퇴(함)>의 아래에는 <암흑(상태)>가 관조의 대상이 되어 있다.

(5) <산업> 분절의 아래에는 <농업>, <어업>, <수렵>, <상업>이 관심의 대상이 되어 있다. <농업> 분절에서는 <경작>, <일거리>, <생산>이 관조의 대상이 되어 있고, <어업>의 아래에는 <성함>과 <불황>이, 그리고 <수렵>의 아래에는 <금지>와 <허용>이 각각 관심사가 되어 있다.

(6) <안정성>의 분절에서는 <안정 : 불안(정)>, <어지러움>, <전쟁(때)>, <위급함>이 관조의 대상이 되어 있으며, <어지러움>의 아래에는 <질서문란>이 관심의 대상이 되어 있다.

(7) <생활상>의 아래에서는 <김장>, <건강+질병>, <곤궁(함)>, <명절 전>이 관조의 대상이 되어 있으며, <건강+질병>의 아래에는 진행과정으로서 <잠복>, <치유 과정>, <완치 과정>이 계단대립의 모습으로 관계하고 있다.

(8) <인식> 분절에서는 <선호도 높음>, <알맞음>, <하늘의 도움>, <권태(를 느낌)>이 관조의 대상이 되어 있다.

(9) <지정방식> 분절의 아래에는 시간이 진행되는 <과정>, 논의되는 시기의 <수치>, <약속>이 관심의 대상이 되어 있다.

(10) 이 <과정>의 아래에는 <순서>, <시작>, <경과>, <시점>, <비교>가 관조의 대상이 되어 있다. <순서>의 아래에는 <처음/ 가운데/ 끝>이 계단대립의 모습으로 문제되어 있고, <경과>의 아래에는 <이름/ 늦음>이 대칭관계의 모습으로 관계하고 있으며, <시점>의 아래에는 <발화시점>과 <사건시점>이 관심의 대상이 되어 있다. <발화시점>의 아

래에는 <현재>와 <미래>가 관조의 대상이 되어 있으며, <비교>의 아래에는 <동일(성)>이 문제되어 있다.

(11) <수치>의 분절에서는 <단일>과 <절반(혹은 절반 이하)>가 관심의 대상이 되어 있다. <단일>의 아래에는 <잘살다>와 <반복(성)>이 관조의 대상이 되어 있다.

(12) <약속> 분절의 아래에서는 <돌아옴(돌아가거나 돌아옴)>과 <한정>이 관심의 대상이 되어 있다. 그리고 이 <한정>의 아래에는 다시 <불변>, <반복(성)>, <직무(수행)>이 문제되어 있다.

강기룡(1991) : "현대국어의 술 명칭에 대한 연구", 고려대 교육대학원.
______(1994) : "<무덤> 명칭의 낱말밭 고찰" <우리말 내용연구> 제2호, 우리말내용연구회.
강상식(1987) : "현대국어의 집짐승 이름씨에 대한 연구", 고려대 교육대학원.
강호진(1993) : "도이치말 'sehen' 동사의 분절구조와 우리말 '보다' 동사의 분절구조의 비교에 대하여", 고려대 대학원(박사학위논문).
권재일(1998) : <한국어 문법사>, 도서출판 박이정.
김계곤(1996) : <현대 국어의 조어법 연구>, 박이정.
김래현(1989) : "Wilhelm von Humboldt의 동적언어관" <언어 내용 연구>, 태종출판사.
김민수(1981) : <국어 의미론>, 일조각.
김성대(1977) : "조선시대의 색채어 낱말밭에 대하여 - Leo Weisgerber의 이론을 중심으로 - " 고려대학교 대학원(박사학위논문).
______(1979) : "세계의 언어화에 대하여", <한글> 166호, 한글학회.
김승곤(1989) : <우리말 토씨 연구>, 건국대학교출판부.
김영진(1994) : "<비> 명칭에 대한 고찰 - 토박이말을 중심으로 - ", <우리말 내용 연구> 제2호, 우리말내용연구회.
______(1995) : "<비> 명칭의 낱말밭 연구 - 한자말을 중심으로 - ", 고려대 교육대학원.
김영희(1992) : "<Angst>에 대한 낱말밭 연구 - 도이치말과 우리말의 불안명사를 바탕으로 - ", 고려대 대학원(박사학위논문).
______(1998) : "<Angst>에 대한 낱말밭 연구 - 독일어와 한국어의 형용사를 중심으로 - ", <한국어 내용론> 제5호(모국어와 에네르게이아), 한국어내용학회.

김인자(1984) : "Leo Weisgerber의 인류언어법칙에 대하여" 고려대 대학원.

김자영(1985) : "E. Coseriu의 System, Norm und Rede에 대한 연구", 고려대대
학원.

김재붕(1988) : "<착용> 동사의 낱말밭 연구", 고려대 교육대학원.

______(2000) : "어휘분절구조와 어휘교육", <한국어 내용론 7(한국어와 모국
어 정신)>, 한국어내용학회.

김재영(1990) : "Leo Weisgerber의 의의영역에 대한 연구", 고려대 대학원(박사
학위논문).

______(1996) : <성능중심 어휘론>, 국학자료원.

김종대(1989) : "언어변천과 어휘의 개념변천", <언어 내용 연구>, 태종출판
사.

김종택(1992) : <국어 어휘론>, 탑출판사.

김차균(1990) : <우리말 시제와 상의 연구>, 태학사.

김형엽(2001) : <인간과 언어>, 한울아카데미.

노대규(1988) : <국어 의미론 연구>, 국학자료원.

단국대학교 동양학연구소(1997) : <한국 한자어 사전, 1. 2. 3. 4>, 단국대학
교출판부.

박금용(1986) : "<주다> 동사의 낱말밭 연구", 고려대 교육대학원.

박성철(1989) : "인간· 언어· 세계의 상호관련성에 대한 고찰", 고려대 대학원.

박여성(1984) : "어휘소 구조에 대한 연구 - 특히 E. Coseriu의 어휘소론을중심
으로 - ", 고려대 대학원.

박영순(1985) : <한국어 통사론>, 집문당.

______(1994) : <한국어 의미론>, 고려대출판부.

박영원/양재찬(1994) : <알기 쉬운 속담 성어 사전>, 국학자료원.

박영준/최경봉(1996) : <관용어 사전>, 태학사.

박정환(1990) : "E. Coseriu의 구조의미론 연구", 부산대 대학원(박사학위논문).

______(1994) : "내용 연구 토대로서의 '밭' 개념", <우리말 내용 연구> 창간
호, 우리말내용연구회.

배성우(2000) : "<궤도차> 명칭에 대한 고찰", <한국어 내용론 7(한국어와 모국어 정신)>, 한국어내용학회.

______(2001) : "<탈 것> 명칭의 분절구조 연구 - <수평 이동의 운송기구>를 중심으로 - ", 고려대 대학원(박사학위논문)

배성훈(2000) : "현대국어의 <산> 명칭에 대한 연구", 고려대 대학원.

______(2000) : "<언덕> 명칭에 대한 고찰", <한국어 내용론 7(한국어와 모국어 정신)>, 한국어내용학회.

배해수(1992) : <국어 내용 연구 (2)>, 국학자료원.

______(1994) : <국어 내용 연구 (3) - <친척> 명칭에 대한 분절구조 - >, 국학자료원.

______(1997) : <국어 내용 연구(1) - 수정판 - >, 고려대학교 민족문화연구소.

______(1998) : <한국어와 동적언어이론 - 국어내용연구 4 - >, 고려대학교출판부.

______(1998) : "<아침> 명칭에 대한 고찰", <인문대 논집> 제17집(김동규 교수 회갑 기념호), 고려대학교 인문대학.

______(1999) : "<낮> 명칭의 분절구조 연구", <한국어 내용론>, 제6호(한국어와 세계관), 한국어 내용학회.

______(1999) : "<밤> 명칭에 대한 고찰", <우리어문 연구> 13집(한국어의 내용적 고찰), 우리어문학회.

______(1999) : "<새벽> 명칭에 대한 고찰", <한국어학> 제10집, 한국어학회, 119-133쪽.

______(2000) : <국어 내용 연구(5) - 그 방안과 실제 - >, 국학자료원.

______(2000) : "<저녁> 명칭의 분절구조 연구", <한국어 내용론 7(한국어와 모국어 정신)>, 한국어내용학회.

______(2000) : "언어연구의 4단계와 한국어 어휘연구의 방안", <21세기 국어학의 과제>, 월인.

봉일원(1980) : "언어와 언어공동체", 고려대 대학원.

성광수(1977) : "국어 조사에 대한 연구", 고려대학교 대학원, 박사학위논문.

______(1999) : <한국어 문장 표현의 양상>, 월인.

신기철/신용철 편저(1980) : <새 우리말 큰 사전: 상. 하>, 삼성출판사.

신익성(1974) : "Weisgerber의 언어 이론", <한글> 제153호, 한글학회.

______(1979) : "Wilhelm von Humboldt의 언어관과 변형이론의 심층구조", <어학 연구> 15권 1호, 서울대 어학연구소.

심재기(1982) : <국어 어휘론>, 집문당.

심재기 외(1988) : <의미론 서설>, 집문당.

심초보(1998) : "언어능력과 모국어의 습득", <한국어 내용론> 제5호(모국어와 에네르게이아), 한국어내용학회.

안문영(1989) : "Leo Weisgerber의 문학 연구", <언어 내용 연구>, 태종출판사.

안정오(2000) : "내용중심문법의 생성, 발전 그리고 전망", <한국어 내용론 7 (한국어와 모국어 정신)>, 한국어내용학회.

______(2000) : "헤르더의 언어관과 언어교육" <한국학 연구 13>, 고려대학교 한국학연구소.

양태식(1984) : <국어 구조의미론>, 태화출판사.

______(1985) : <국어 차원 낱말의 의미구조>, 태화출판사.

엄선애(1989) : "언어와 사고" <언어 내용 연구>, 태종출판사.

이가원/장심식 편저(1973) : <상해 한자 대전>, 유강출판사.

이관규(2000) : "내용중심문법의 분절화 영역 확대 시고", <한국어 내용론 7 (한국어와 모국어 정신)>, 한국어내용학회.

이규호(1978) : <말의 힘>, 제일출판사.

이돈주(1992) : <한자학 총론>, 박영사.

이미영(1994) : "<눈> 명칭에 대한 고찰", <우리말 내용연구> 제2호, 우리말내용연구회.

______(1995) : "<옷> 명칭의 낱말밭 연구 - <재료>를 중심으로 - ", 고려대 교육대학원.

이성준(2000) : "훔볼트의 언어관에 나타나는 형식과 소재의 문제", <한국어

내용론 7(한국어와 모국어 정신)>, 한국어내용학회.

이승명(1980) : <국어 어휘의 의미구조에 대한 연구>, 형설출판사.

이윤표(1985) : "국어 친척 용어의 연구", 고려대 대학원.

이을환/이용주(1975) : <국어 의미론>, 현문사.

이정희(1983) : "레오 바이스게르버의 기능중심적 언어고찰에 대하여", 고려
대 대학원.

이희승 편저(1986) : <국어 대사전>, 민중서림.

임지룡(1992) : <국어 의미론>, 탑출판사.

______(1997) : <인지의미론>, 탑출판사.

임환재 옮김(1984) : <언어학사>(G. Helbig: Geschichte der neueren
Sprachwissenschaft), 경문사.

장기문(2000) : "현대국어 <여자> 명칭의 분절구조 연구", 고려대 대학원(박
사학위 논문).

______(2000) : "현대국어<직업인> 명칭에 대한 고찰(3)", <한국어 내용론
7(한국어와 모국어 정신)>, 한국어내용학회.

장병기(1987) : "소쉬르와 랑그", <한글> 제196호.

장석진(1992) : <화용론 연구>, 탑출판사.

장영천(1989) : "Leo Weisgerber의 조어론", <언어 내용 연구>, 태종출판사.

장은하(1999) : "현대국어의 <발부위> 명칭에 대한 연구", <우리어문 연구>
13집(한국어의 내용적 고찰), 우리어문학회.

______(2000) : "현대국어의 <가슴> 명칭의 분절구조 연구", <한국어 내용
론 7(한국어와 모국어 정신)>, 한국어내용학회.

전수태(1987) : <국어 이동동사 의미 연구>, 한신문화사.

전영완(1987) : "Wilhelm von Humboldt의 언어유형학에 대한 연구", 고려대
대학원.

전지선(1992) : "언어의 대상구성 기능과 그 상이성에 대한 연구", 고려대 대
학원.

______(1998) : "인간과 세계에 대한 언어의 관계", <한국어 내용론> 제5호

(모국어와 에네르게이아), 한국어내용학회.

정미숙(1975) : "Leo Weisgerber의 das Worten der Welt의 개념에 대하여", <Turm> 제4·5집, 고려대학교 독어독문학회.

정소프트(주)(1997) : <컴퓨터용 전자사전 피시딕 7. 0>.

정시호(1994) : <어휘장이론 연구>, 경북대 출판부.

______(2000) : "가족유사성 개념과 공통속성", <한국어 내용론 7(한국어와 모국어 정신)>, 한국어내용학회.

정양완(1987) : "친척 호칭에 대하여", <국어생활> 10호, 국어연구소.

정영완(1987) : "Wilhelm von Humboldt의 언어유형학에 대한 연구", 고려대대학원.

정태경(1999) : "<국> 명칭의 분절구조", <우리어문 연구> 13집(한국어의 내용적 고찰), 우리어문학회.

______(2000) : "<밥> 명칭의 분절구조", <한국어 내용론 7(한국어와 모국어 정신)>, 한국어내용학회.

정혜령(1994) : "<바람> 명칭에 관한 고찰", 고려대 교육대학원.

조재수/유재원/안정애(2000) : <바른글 한국어 전자사전>, 한글토피아.

조항범(1988) : "국어 친척 호칭어의 통시적 고찰(4)", <개신 어문연구> 5. 6집, 충북대.

천시권/김종택(1973) : <국어 의미론>, 형설출판사.

최경봉(1992) : "국어 관용어 연구", 고려대 대학원.

최명관(1980) : "Cassirer의 인식 이론", <논문집 10>, 숭전대.

최창렬/심재기/성광수(1986) : <국어 의미론>, 개문사.

최호철(1994) : "현대국어 규정소의 의미체계", <우리말 내용 연구> 창간호, 우리말내용연구회.

______(2000) : "현대국어 감탄사의 분절구조 연구", <한국어 내용론 7(한국어와 모국어 정신)>, 한국어내용학회.

하길종(1999) : "<힘> 명칭에 대한 고찰(3) - <근원(무정성)>을 중심으로 -", <우리어문 연구> 13집(한국어의 내용적 고찰), 우리어문학회.

______(2000) : "<풀> 명칭의 분절구조", <한국어 내용론 7(한국어와 모국어 정신)>, 한국어내용학회.

한글과컴퓨터(1995) : <윈도우즈용 흔글 우리말 큰사전 1.0>.

__________(2001) : <표준국어사전(국립국어연구원 저작)>.

한글학회(1992) : <우리말 큰사전>, 어문각.

______(1995) : <국어학 사전>.

______(2002) : <우리 토박이말 사전>, 어문각.

허발(1981) : <낱말밭의 이론>, 고려대출판부.

____ 옮김(1976) : "낱말밭과 개념밭에 대하여" <한글> 제158호, 한글학회.

____ 옮김(1985) : <구조의미론>, 고려대출판부.

____ 옮김(1986) : <언어내용론>, 고려대출판부.

____ 옮김(1993) : <모국어와 정신 형성>, 문예출판사.

허웅(1981) : <언어학 - 그 대상과 방법 - >, 샘문화사.

____(1983) : <국어학 - 우리말의 오늘. 어제 - >, 샘문화사.

____(1999) : <20세기 우리말의 통어론>, 샘문화사.

____(2000) : <20세기 우리말의 형태론(고친판)>, 샘문화사.

홍석준(1990) : "말 명칭에 대한 연구 - 현대 국어를 중심으로 -", 고려대 교육 대학원.

홍승우(1988) : <의미론 입문>, 청록출판사.

______(1989) : "Wilhelm von Humboldt의 언어개념", <언어 내용 연구>, 태종출판사.

K. Baldinger(1980) : Semantic Theory, Basil Blackwell Publishers, Oxford.

W. L. Chafe(1973) : Meaning and Structure of Language, The University of Chicago Press.

E. Coseriu(1971) : Sprache, Strukturen und Funktionen, Tuebingen.

__________(1973) : Probleme der Strukturellen Semantik, Tuebingen.

H. Geckeler(1973) : Strukturelle Semantik des Franzoesischen, Max Niemeyer Verlag, Tuebingen.

H. Gipper(1969) : Bausteine zur Sprachinhaltsforschung, Paedagogischer Verlag, Schwann, Duesseldorf.

__________(1974) : "Inhaltbezogene Grammatik" Grundzuege der Litera-tur und Sprachwissenschaft, Band 2. Deutsche Taschenbuch Verlag.

__________(1984) : "Der Inhalt des Wortes und die Gliederung der Sprache", Duden Grammatik, Duden Verlag, Wien/Zuerich.

G. Helbig(1974) : Geschichte der neueren Sprachwissenschaft, Rowohlt Taschenbuch Verlag, Leipzig/Muenchen.

__________(1961) : "Die Sprachauffassung Leo Weisgerbers - Zum Problem der 'funktionalen' Grammatik - ", Der Deutchunterricht (Sprachlehre III), Stuttgart.

W. v. Humboldt(1979) : Werke Band 3. Schriften zur Sprachphilosophie, Cott'asche Buchhandlung, Stuttgart.

M. Ivić(1970) : Trends in Linguistics, Mouton/Co. N. V., Publishers, The Hague.

G. Ipsen(1932) : "Der neue Sprachbegriff", Wege der Forschung(1973), Wissenschaftliche Buchgesellschaft, Darmstadt.

J. Lyons(1979) : Semantics 1. 2. Cambridge University Press, Cambride.

__________(1981) : Language and Linguistics-An Introduction-Cambridge University Press, Cambridge.

E. A. Nida(1975) : Componential Analysis of Meaning, Mouton Publishers, The Hague.

C. K. Ogden/I. E. Richards(1946) : The Meaning of Meaning, Harcourt Brace Jovanovich Book, New York/London.

P. H. Salus(1969 ed.) : On Language - Plato to von Humboldt - , Holt, Rinehart and Winston, Inc., New York.

J. Trier(1931) : "Ueber Wort-und Begriffsfelder", Wege der Forschung(1973), Wissenschaftliche Buchgesellschaft, Darmstadt.

__________(1934) : "Deutsche Bedeutungsforschung", Wege der Forschung(1973),

Wissenschaftliche Buchgesellschaft, Darmstadt.

S. Ullmann(1967) : Semantics - An Introduction to The Science Of Meaning -, Oxford, Basil Blackwell.

L. Weisgerber(1929) : Muttersprache und Geistesbildung, Goettingen.

__________(1962) : Grundzuege der inhaltbezogenen Grammatik, Duesseldorf.

__________(1963) : Die Vier Stufen in der Erforschung der Sprachen, Paedagogischer Verlag, Duesseldorf.

__________(1964) : Das Menschheitsgesetz der Sprache, Quelle/Meyer Verlag, Heidelberg.

__________(1965) : "Die Lehre von der Sprachgemeinschaft", Frankfurter Hefte Zeitschrift fuer Kultur und Politik, Duesseldorf.

__________(1971) : Die Geistige Seite Der Sprache und ihre Erforschung, Paedagogischer Verlag, Schwann, Duesseldorf.

(고려대 교수)

A Study on the Wordfield Expressing <시기 (perod)> in Modern Korean Language
– Especially on the 〈문화환경(cultural environment)〉 –

Bae Hae Soo

In linguistic research we can apply 'wordfield-theory' to find out the viewpoints of Korean people contemplating the physical world. In this paper I made an attempt to conduct a study in the wordfield of the nouns expressing <시기(period)> in modern Korean language.

As the result of this study, I made certain of following matters.

In this field the lexeme [시기: 時期] is located as the archilexeme. Two parts, divided into <사회상(social conditions)> and <지시방식(indicating ways)> are viewed in this field.

In the field of <사회상(social conditions)> is divided into five parts. They are <제도(social system)>, <발전상(social development)>, <안정성(social orderinging)>, <산업(possessions)>, <생활상(living conditions)> and <인식(way of cognition)>. And in the field of <지시방식(indicating ways)> three parts are related. They are <과정(prodess)>, <수치(measurement)> and <약속(promise)>.

〈남자〉 명칭의 분절구조 고찰(1)
-〈외양〉분절을 중심으로-

장기문

1. 머리말

이 연구는 <남자> 명칭의 분절구조를 해명하기 위하여 시도된다. <남자> 명칭의 분절구조 연구는 <여자> 명칭에 대한 이해와 함께 <사람> 명칭의 전체적인 분절구조를 발견하기 위한 전제 작업의 성격을 띠고 있다. 이 연구의 목적은 <남자>라는 객관 세계를 바라보는 우리 민족의 관조방식을 밝히려는 데 있다. 또한, 부수적으로 <남자>명칭의 분절구조 고찰을 통하여 <남자>명칭의 어휘체계도 발견하게 될 것이다.

[사람]은
① 생각과 말을 하고 기구를 만들어 쓰며 사회를 이루어 사는 동물
② 일정한 곳에 살거나 태어난 이
③ 일정한 품격이나 자격을 갖춘 자
④ 일꾼이나 인원
⑤ 자기나 어떤 대상자를 가리키는 말

⑥ 사람의 됨됨이나 성질
⑦ 인재나 인물
⑧ 권리나 의무의 주체인 자연인
⑨ 인원을 세는 하나치 등으로 정의된다.

이러한 뜻풀이를 바탕으로 [사람]은 <생각+언어 사용+도구 제작+사회 형성>이라는 특성으로 해명된다. <사람>명칭이 하나의 큰 분절구조를 이루고 있다면 <남자>와 <여자>는 각각 하나의 중간 분절 구조를 이루게 되며, <남자>명칭은 <여자>명칭과 대칭관계에 있으면서 두 개의 작은 분절구조가 모여 <사람>이라는 더 큰 분절 구조를 형성하게 된다.

<남자> 명칭의 고찰은 어휘를 내용중심 단계의 차원에서 고찰할 수 있도록 마련된 방법론인 어휘분절구조이론에 기대어 시도된다. 독일의 철학자 헤르더(J. G. Herder)는 민족정신이 언어에서도 창조적으로 나타난다고 하였고 언어의 정신적인 측면을 강조한 최초의 철학자이다. 여기에서 언어 상대성 원리, 곧 동적 언어관이 싹트게 된다. 그러나, 헤르더(J. G. Herder)의 단편적인 숙고와는 달리 언어 전반에 대하여 언어학 이론의 성립을 가능하게 하는 언어 철학을 완성한 훔볼트(W.v.Humboldt)에 의하여 동적 언어관은 체계화되고 완성된다. 언어의 전체성과 체계성을 바탕으로 등장한 동적 언어이론의 어휘 분절구조라는 개념이 진정한 의미에서 구조적인 관념으로 평가되기도 한다. 체계성, 전체성, 분절성, 유기체성이 전제되어 있는 동적언어이론은 작은 분절 구조의 해명에서 큰 분절구조를 해명하고 언어구조 전체를 해명할 수 있는 길을 보장해 주고 있다[1]. 훔볼트(W.v.Humboldt)에 의하면 분절이란 사상의 각인에 해당하고 음성과 연관

---

1) 배해수(1998):<한국어와 동적 언어이론>, 고려대학교 출판부, 182쪽 참조.

지어 말하면 음성의 각인이라고도 볼 수 있다. 따라서, 사상의 각인과 음성의 각인을 중개하는 것이 분절작용이라고 말할 수 있다. 그러나, 언어적 분절의 문제는 어휘적 분절과 가장 밀접하게 연관되기 때문에 어휘적 분절을 다루는 것은 언어내용 연구의 핵심 문제로 부상한다[2].

낱말은 단순히 사물을 표시하는 기호가 아니며 표현 수단은 단순히 보편적인 사상의 껍질이 아니다. 모든 언어에는 각각 특수한 내용이 있으며 중간세계의 모양도 언어마다 다르다[3].

2. 〈외양〉 분절의 기본구조

<남자>명칭은 크게 <외양>, <품행>, <위치>가 관조의 대상이 되어 있다. 이 연구에서는 <외양> 분절을 중심으로 논의한다. <외양>의 하위에는 <신체구조>, <치장> 관조의 대상이 되어 있는데 <신체구조> 아래에는 <전체>, <부분>이 관심의 대상이 되어 있다. 이러한 <남자> 명칭의 전체 분절구조는 [그림1]과 같이 도식화될 수 있을 것이다.

[그림1] 원어휘소와 기본구조

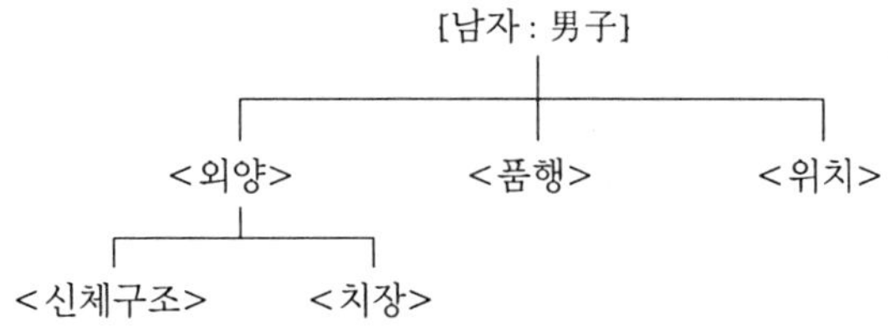

---

2) 이성준(1999): <훔볼트의 언어철학>, 고려대학교 출판부, 135쪽 참조.
3) 이규호(2000): <말의 힘>, 좋은 날, 102쪽 참조.

(1) 남자(男子)

이 낱말은 ①{남성으로 태어난 사람},②{사내다운 사내}, ③{한 여자의 남편이나 애인을 이르는 말}로 풀이된다. 이 연구에서는 ①의 의미로 한정하여 논의한다. [남자]는 성적으로 남성인 사람을 두루 일컫는다. 여자와 대립되는 또는 여자와 상대가 되는 의미로 남성을 가리키는 말이므로 속성을 뜻하는 외에는 너무 어린 사람이나 너무 나이가 많은 사람에 대해서는 쓰이지 않는다. 이러한 내용과 함께 [남자]는 원어휘소(Archilexem)의 위치를 차지하는 낱말로 이해할 수 있을 것이다.

반면에 [남성:男性]은 {성(性)의 측면에서 남자를 이르는 말}로 특히, 성년이 된 남자를 이른다. [남성]은 {인도·유럽 어족에서 단어를 성에 따라 구별할 때 쓰는 말의 하나}라는 내용과 함께 쓰이기도 한다.

3. 〈신체구조〉와 관련된 분절구조

<외양>과 관련된 표현은 <신체구조>, <치장>이 관조의 대상이 되어 있다.<신체구조>는 일차적으로 <전체>와 <부분>이 관조의 대상이 되어 있으며 <전체>는 <크기>, <비만 정도>, <건강>, <인식>이 관심의 대상이 되어 있다. <부분>은 <얼굴>과 <생식기>가 관조의 대상이 되어 있다.

(2) 거한(巨漢)

이 낱말은 {몸집이 매우 큰 사내}로 풀이되면서 <외양 - 신체구조 - 전

체 - 큼>이라는 특성으로 해명된다.

(3) 비(대)한(肥[大]漢)

이 낱말은 {몹시 살이 찐 뚱뚱한 남자}로 풀이되면서 <외양 - 신체구조 - 전체 - 뚱뚱함>이라는 특성으로 해명된다.

(4) 건부(健夫)

이 낱말은{기력이 강한 남자}, {건장한 사내}로 풀이되면서 <외양 - 신체구조 - 전체 - 건장함>이라는 특성으로 해명된다.

(5) 장부(丈夫)

이 낱말은 {다 자란 씩씩하고 위엄스런 남자}로 풀이되면서 <외양 - 신체구조 - 전체 - 씩씩함 + 위엄스러움>이라는 특성으로 해명된다. [장부: 丈夫]는 {불성의 이치를 깨달은 사람}이라는 내용과 함께 쓰이기도 한다.

(6) 대장부(大丈夫)

이 낱말은 {건강하고 씩씩하며 위엄스런 사내}로 풀이되면서 <외양 - 신체구조 - 전체 - 몸집 - 씩씩함+위엄스러움 - 강조>라는 특성으로 해명된다.

(7) 철인(鐵人)

이 낱말은 {몸이나 힘이 무쇠처럼 굳센 사나이}로 풀이되면서 <외양 -
신체구조 - 전체 - 굳셈>이라는 특성으로 해명된다. 지금까지 논의한 낱말
을 도식화하면 [그림2]와 같이 될 것이다.

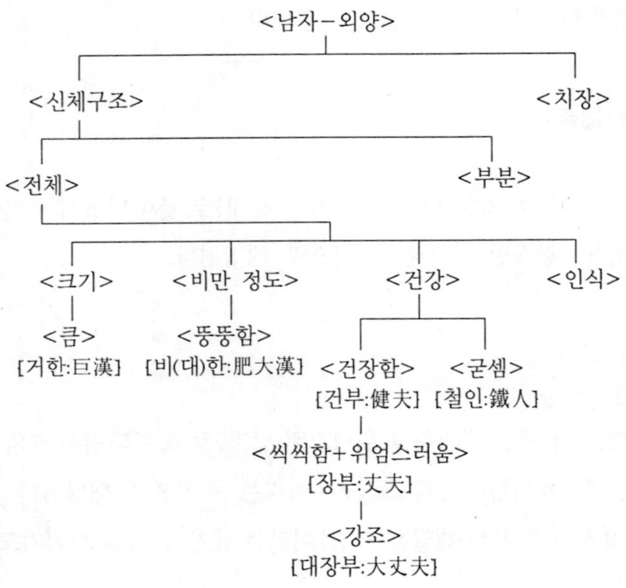

(8) 귀공자(貴公子)
(9) 귀자(貴子)

이 낱말들은 {생김새나 몸가짐이 의젓하고 고상한 남자}로 풀이되면서
<외양 - 신체구조 - 전체 - 의젓함 + 고상함>이라는 특성으로 해명된다.
그러므로, <외양>분절과 함께 <품행>분절과도 관련이 있는 낱말이다.
[귀공자], [귀자]는 {귀한 집 아들 또는 귀한 집 젊은 남자를 이르는 말},

{지체가 높은 집안에 태어난 젊은 남자}라는 내용과 함께 쓰이기도 한다.

(10) 떡두꺼비

이 낱말은 {탐스럽고 암팡지게 생긴 갓난 남자아이를 비유적으로 이르는 말}로 풀이되면서 <외양 - 신체구조 - 전체 - 탐스러움 + 암팡짐>이라는 특성으로 해명된다.

(11) 별놈(別 -)

이 낱말은 {생김새나, 성질, 언행 따위가 별난 사람을 낮잡아 이르는 말}로 풀이되면서 <외양 - 신체구조 - 전체 - 별남>이라는 특성으로 해명된다.[별놈]은 후술할 <품행>분절과도 관련이 있는 낱말이다. 지금까지 논의한 낱말을 도식화하면 [그림3]과 같이 될 것이다.

[그림3] 〈외양〉과 관련된 분절구조(2)

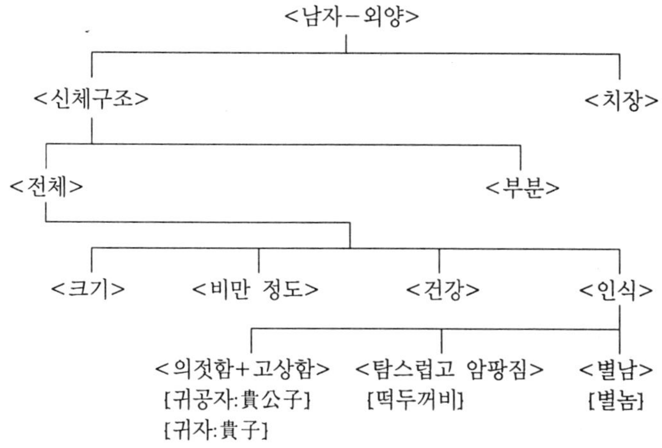

(12) 미(남)자(美[男]子)
(13) 호남자(好男子)
(14) 호남아(好男兒)
(15) 미장부(美丈夫)

이 낱말들은 {얼굴이 썩 잘 생긴 사내}로 풀이되면서 <외양 - 신체구조
- 부분 - 얼굴 - 예쁨>이라는 공통 특성으로 해명된다.

(16) 귀남자(貴男子)

이 낱말은 {용모나 풍채가 뛰어나고 잘 생긴 남자]로 풀이되므로 <외양
- 신체구조 - 부분 - 얼굴 - 예쁨>이라는 특성으로 해명된다. [귀남자]는
{지체가 높고 귀한 집의 아들}이라는 내용과 함께 다른 분절에도 관여하
는 낱말이다.

(17) 묘소년(妙少年)

이 낱말은 {잘 생기고 예쁘장한 소년}으로 풀이되면서 <외양 - 신체구
조 - 부분 - 얼굴 - 예쁨>이라는 특성으로 해명된다.

(18) 미동(美童)
(19) 여수(麗豎)
(20) 미소년(美少年)
(21) 교동(嬌童)
(22) 교동(姣童)
(23) 교동(佼童)

(24) 교아(嬌兒)

이 낱말들은 {얼굴이 썩 잘 생긴 아이}로 풀이되면서 <외양 - 신체구조
- 부분 - 얼굴 - 예쁨>이라는 공통 특성으로 해명된다. (12-16)은 <성인>
이고 (17-24)는 <어린이>로 변별된다[4].

(25) 교동(狡童)

이 낱말은 {얼굴이 썩 잘 생긴 아이}로 풀이되면서 <외양 - 신체구조 -
부분 - 얼굴 - 예쁨 - 성실하지 못함>이라는 특성으로 해명된다. [교동(狡
童)]은 {교활한 아이}라는 내용과 함께 다른 분절에도 관여하는 낱말이다.

(26) 추남(醜男)
(27) 나한(癩漢)
(28) 추부(醜夫)

이 낱말들은 {얼굴이 못 생긴 사내}로 풀이되면서 <외양 - 신체구조 -
부분 - 얼굴 - 추함>이라는 공통 특성으로 해명된다. 다만, [추남(醜男)]은
<남자>를 강조하고 있으며, [나한(癩漢)]은 <사내>를 강조하고 있고,
[추부(醜夫)]는 <지아비>를 강조하는 낱말로 이해할 수 있을 것이다. 지
금까지 논의한 낱말을 도식화하면 [그림4]와 같이 될 것이다.

---

4) 같은 위치 가치를 지닌 [미남정:美男丁]이라는 낱말도 발견된다. [남정:男丁]은 열 다섯이
   넘은 사내를 뜻하는 낱말이다.

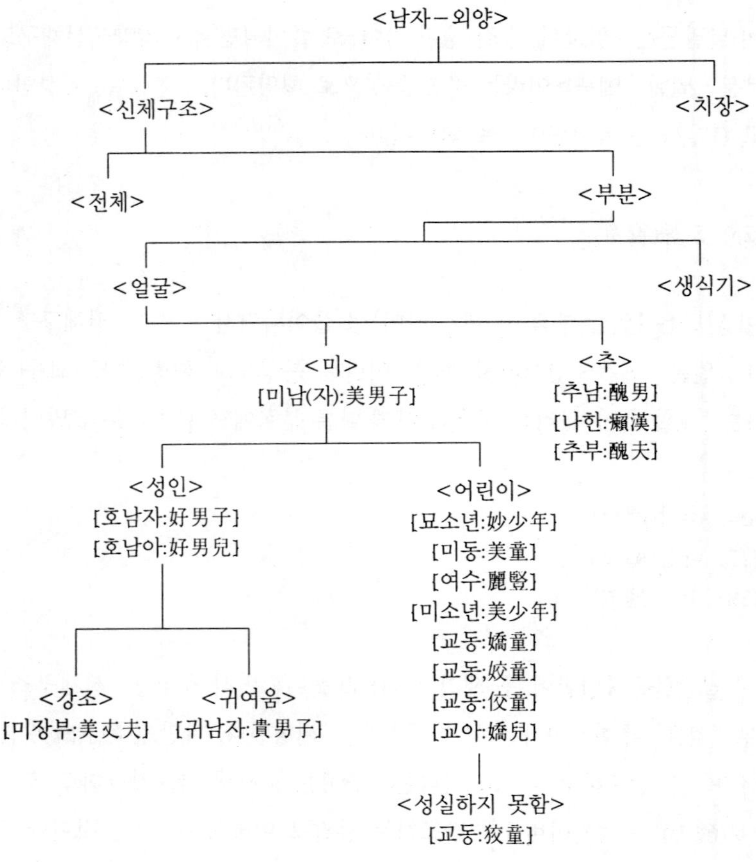

[그림4] 〈외양〉과 관련된 분절구조(3)

(29) 고자(鼓子)

(30) 엄인(閹人)

이 낱말들은 {생식기가 불완전한 사내}로 풀이되면서 <외양 - 신체구조 - 부분 - 생식기 - 불완전>이라는 공통 특성으로 해명된다.

(31) 건불남(犍不男)

이 낱말은 {태어난 뒤에 생식기가 끊어진 사람}으로 풀이되므로 <외양
- 신체구조 - 부분 - 생식기 - 끊어짐>이라는 특성으로 해명된다. 지금까
지 논의한 낱말을 도식화하면 [그림5]와 같이 될 것이다.

[그림5] 〈외양〉과 관련된 분절구조(4)

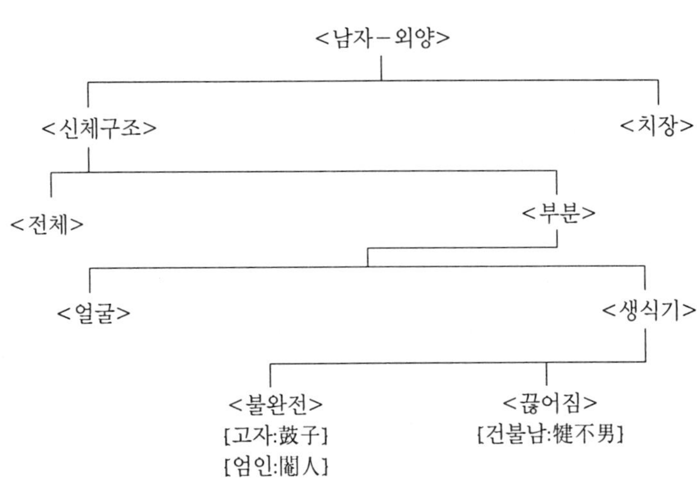

4. 〈치장〉과 관련된 분절구조

<치장>분절은 <말쑥함+단정함>, <여자로 꾸밈>, <머리 - 땋아 늘
임>, <푸른 옷을 입음>, <수상하게 차림>을 문제삼고 있다.

(32) 깎은서방님
(33) 깎은선비

이 낱말들은 {말쑥하고 단정하게 차린 남자}로 풀이되면서 <외양 - 치장 - 말쑥함+단정함>이라는 특성으로 해명된다.

(34) 가장녀(假裝女)

이 낱말은 {경남 지방 농악 놀이에서 여자로 꾸미고 집사를 따라 다니며 춤을 추는 사람}으로 풀이되면서 <외양 - 치장 - 여자로 꾸밈>이라는 특성으로 해명된다.

(35) 떠꺼머리총각

이 낱말은 {나이가 지나도록 장가를 들지 못하고 머리를 길게 땋아 늘인 총각}으로 풀이되면서 <외양 - 치장 - 머리를 길게 땋아 늘임>이라는 특성으로 해명된다. [떠거머리총각]은 내용상 다른 분절과도 관련이 있는 낱말로 외양뿐만 아니라 장가들지 못함을 강조하는 낱말로 이해할 수 있을 것이다.

(36) 청의동자(靑衣童子)

이 낱말은 [신선의 시중을 든다는 푸른 옷을 입은 사내}로 풀이되면서 <외양 - 치장 - 푸른 옷을 입음>이라는 특성으로 해명된다.

(37) 괴한(怪漢)

이 낱말은 {거동이나 차림새가 수상한 사내}로 풀이되면서 <외양 - 치

장 - 수상함>이라는 특성으로 해명된다.[괴한]은 후술할 <품행>분절과
도 관련이 있는 낱말이다. 지금까지 논의한 낱말을 도식화하면 [그림6]과
같이 될 것이다.

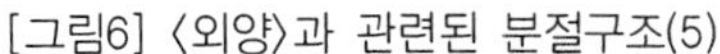

[그림6] 〈외양〉과 관련된 분절구조(5)

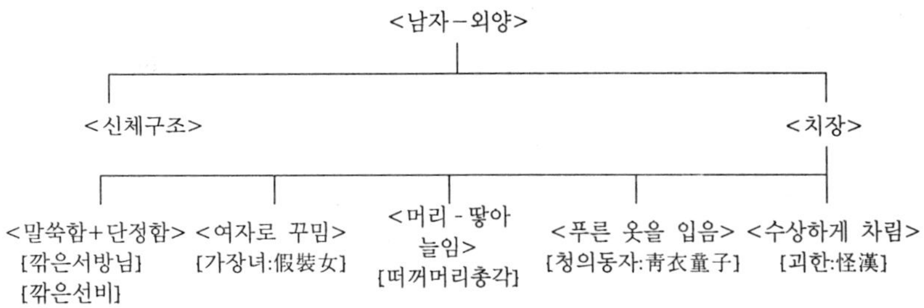

5. 맺음말

동적 언어이론은 훔볼트에 의하여 체계화되고 완성된다. 훔볼트의 언어
사상을 일반언어학으로 승화시킨 바이스게르버는 언어 본질에 입각하여
형태(Gestalt), 내용(Inhalt), 직능(Leistung), 작용(Wirkung)중심의 4단계 고
찰로 이루어진 언어 연구 방법론을 제시하였다. 그런데 2단계에서 언어내
용을 어휘론의 차원에서 규명하는 것이 어휘분절구조이론(Wortfeldtheorie)
이다. 세계의 언어화(das Worten der Welt)와 포착(Zugriff)이라는 정신활동
을 수행하게 되는 직능(Leistung) 단계의 완성은 내용(Inhalt)이라는 정적인
모습으로 모국어 속에 자리하게 된다[5]. 이 내용은 낱말(어휘론과 조어론)
과 월(품사론과 통어론)의 영역에서 작용하게 된다. 그러한 의미에서 현대

---

5) 배해수(1998) : op cit. 155-156 쪽 참조.

국어 <남자> 명칭의 분절구조를 어휘분절구조 이론에 의거하여 분절구조 해명을 시도하는 이 연구는 중간세계에 관여하는 관점(세계관)의 발견과 전체성의 원리에 입각한 어휘 체계의 발견에 목표를 두게 된다. 어휘분절구조라는 전체를 통하여 개별 어휘의 가치가 이해될 수 있으며 인간으로 하여금 현실적으로 세계를 조망할 수 있게 하는 정신적 관조의 형식이 어휘분절구조를 통하여 실현되기 때문이다. <남자>명칭은 <외양>, <품행>, <위치>가 관조의 대상이 되어 있다. 이 연구에서 논의한 <외양> 분절을 대상으로 고찰한 결과를 정리하면 다음과 같다.

(1) <사람>은 사전의 뜻풀이에 의하면 <사고 능력+언어 사용+ 도구 제작+사회 형성>이라는 특성으로 이해될 수 있다.

(2) <남자>명칭도 이러한 사람의 개념 이해를 바탕으로 하여 <성>에 의하여 <여자>와 대칭관계를 이루고 있다.

(3) <남자>명칭의 원어휘소(Archilexem)는 [남자]가 차지하는 것으로 이해될 것이다. [남자]는 <성(性)>의 측면에서 사람을 나눌 때 <여자>의 대가 될 수 있는 사람을 가리킨다.

(4) <외양>은 <신체구조>와 <치장>이 관조의 대상이 되어 있다.

(5) <신체구조>는 <전체>와 <부분>이 관심의 대상이다. <전체>는 <크기>, <비만 정도>, <건강>, <인식>이라는 특성이 관심의 대상이 되어 있다. <건강>은 다시 하위에 <건장함>과 <굳셈>을 문제삼고 있으며 <인식>은 <의젓함+고상함>, <탐스러움+암팡짐>, <별남>을 문제삼고 있다. <부분>은 <얼굴>과 <생식기>가 관심의 대상이 되어 있는데 <얼굴>은 <미(美)>, <추(醜)>를 문제삼고 있으며 <미(美)>분절은 하위에 <성인>과 <어린이>분절로 나뉘고 있다. <생식기>는 <불완전>과 <끊어짐>을 문제삼고 있다.

(6) <치장>은 <말쑥함+단정함>, <여자로 꾸밈>, <머리 - 땋아 늘

임>, <푸른 옷을 입음>, <수상하게 차림>이 관심의 대상이 되어 있다.
<남자> 명칭 분절의 명확한 위치와 특징을 발견 하기 위한 <품행>과
<위치>분절에 대한 연구는 후고로 미룬다.

참고문헌

강호진(1982) : "Leo Weisgerber의 '언어의 동적 고찰'에 관하여", 고려대 대학원.

______(1989) : "언어밭의 형식화 가능성 문제에 대하여", <언어내용 연구>, 태종출판사.

______(1993) : "도이치말 'sehen' 동사의 분절구조와 우리말 '보다' 동사의 분절구조의 비교에 대하여", 고려대 대학원(박사학위논문).

김성대(1977) : "조선시대의 색채어 낱말밭에 대하여 - Leo Weisgerber의 이론을 중심으로 - "고려대학교 대학원(박사학위논문).

김영희(1992) : "<Angst>에 대한 낱말밭 연구 - 도이치말과 우리말의 불안 명사를 바탕으로 - ", 고려대 대학원(박사학위논문).

김자영(1985) : "E. Coseriu의 System Norm und Rede에 대한 연구", 고려대 대학원.

김재봉(2000) : "어휘분절구조와 어휘 교육", <한국어와 모국어정신>, 국학자료원.

김재영(1990) : "Leo Weisgerber의 의의영역에 대한 연구", 고려대 대학원(박사학위논문).

______(1996) : "<성능중심 어휘론>, 국학자료원."

배성우(1998) : "국어<모자> 명칭의 분절구조 연구 - 독일어와의 비교를 통하여 - ", 고려대 교육 대학원.

______(1998) : "<장> 명칭에 대한 고찰". 모국어와 에네르게이아. 한국어 내용학회.

______(1999) : "<자동차> 명칭에 대한 고찰", <한국어의 내용적 고찰>. 국학자료원.

______(2000) : "<궤도차>명칭에 대한 고찰", <한국어와 모국어 정신>, 국

학자료원.

______(2001) : "<탈것>명칭의 분절구조 연구 - , <수평 이동의 운송 기구>를 중심으로 - , 고려대학교 대학원(박사학위 논문).

배성훈(2000) : "<언덕>명칭에 대한 고찰", <한국어와 모국어 정신>, 국학자료원.

배해수(1979) : "바이스게르버의 언어 공동체 이론에 대하여", <한글> 166호, 한글학회.

______(1981) : "현대국어의 생명종식에 대한 연구 - 자동사적 표현을 중심으로 - ", 고려대학교 대학원(박사학위논문).

______(1992) : <국어 내용 연구 (2)>, 국학자료원.

______(1994) : <한국인의 도덕성 연구>, 아산사회복지사업재단.

______ 엮음(1994) : <한국어 내용연구(1)>, 국학자료원.

______(1994) : <국어 내용 연구 (3) - <친척> 명칭에 대한 분절구조>, 국학자료원.

______(1997) : <국어 내용 연구 (1)>, 고려대학교 민족문화연구소.

______(1998) : <한국어와 동적언어이론 - 국어내용연구 4 - >, 고려대학교출판부.

______(2000) : <국어내용연구(5)>, 국학자료원.

봉일원(1980) : "언어와 언어공동체", 고려대 대학원.

시정곤(2000) : "분절구조의 몇 가지 문제", <한국어와 모국어 정신>, 국학자료원.

신익성(1974) : "Weisgerber의 언어 이론", <한글> 제153호, 한글학회.

______(1979) : "Wilhelm von Humboldt의 언어관과 변형이론의 심층구조", <어학 연구> 15권 1호, 서울대 어학연구소.

신차식(1983) : "한·독 직업명칭에 대한 비교 연구", 고려대 대학원(박사학위논문).

안정오(1995) : "낱말밭과 언어습득의 상관성", <한국어 내용론> 제3호, 한국어내용학회.

______(1996) : "언어의 대격화 현상", <한국어 내용론> 제4호, 한국어내용
학회.

______(1998) : "훔볼트의 사정적 특징", <모국어와, 에네르게이아>, 한국어
내용학회.

______(1999) : "기호의 언어학적 고찰", <한국어와 세계관>, 한국어 내용학
회.

______(2000) : "내용중심 문법의 생성, 발전, 그리고 전망", <한국어와 모국
어 정신>, 국학자료원.

오미정(2000) : "<창>명칭의 어휘 분절구조 연구", <한국어와 모국어 정신>,
국학자료원.

이관규(2000) : "내용 중심 문법의 분절화 영역 확대 시고", <한국어와 모국어
정신>, 국학자료원.

이성준(1978) : "독일어 어휘의 분절에 관한 소고", 고려대 대학원.

______(1984) : "L. Weisgerber의 월구성안에 대한 연구", 고려대 대학원(박사
학위논문).

______(1993) : <언어 내용 이론 - 통어론을 중심으로 - >, 국학자료원.

______(1994) : "언어학 개론", 국학자료원.

______(1999) : "훔볼트의 언어 철학", 고려대 출판부.

______(2000) : "훔볼트의 언어관에 나타나는 형식과 소재의 문제", <한국어
와 모국어 정신>, 국학자료원.

임지룡(1992) : "국어의미론", 탑출판사.

장기문(1984) : "현대국어의 집 명칭에 관한 연구", 고려대 대학원.

______(1988) : "현대국어의 물 이름에 대한 고찰", <한성어문학> 7집, 한성
대 국어국문학과.

______(1990) : "현대 국어의 불 이름에 관한 고찰", <한국어학신연구>, 한신
문화사.

______(1992) : "사람 이름씨에 대한 고찰(1) - <겉모양> 표현을 중심으로 - ",
<남사 이근수 박사 환력기념 논총>, 반도출판사.

______(1994) : "<벗> 명칭에 대한 고찰", <우리말 내용 연구> 창간호, 우리말내용연구회.

______(1994) : "<아이> 명칭에 대한 고찰(1) － <출생>을 중심으로 － ", 우리어문 연구> 8집, 우리어문연구회.

______(1995) : "<아이> 명칭에 대한 고찰(2) － <성>, <현황>을 중심으로 － ", <우리말 내용 연구> 제2호, 우리말 내용연구회.

______(1995) : "<아이> 명칭에 대한 고찰(3) － <현황> 분절을 중심을 중심으로 － ", <한국어 내용론> 제3호, 한국어내용학회.

______(1995) : "<소> 명칭에 대한 고찰)", <우리어문 연구>, 제9집, 우리어문연구회.

______(1996) : "<여자> 명칭에 대한 고찰", <한국어 내용론> 제4호, 한국어내용학회.

______(1997) : "현대국어의 <여자> 명칭에 대한 고찰(2) - <정신>, <품행>을 중심으로 - ", <우리어문연구> 제10집, 우리어문학회.

______(1998) : "노비명칭에 대한 고찰(2)", 한국어 내용론 제5호, 한국어내용학회.

______(1999) : "현대국어의 직업인 명칭에 대한 고찰(1)", 한국어와 세계관, 한국어 내용학회

______(1999) : "현대국어의 직업인 명칭에 대한 연구(2)", 한국어의 내용적 고찰, 우리어문학회.

______(2000) : "현대국어 <직업인>명칭에 대한 고찰", <한국어와 모국어 정신>, 국학자료원.

______(2001) : "현대국어 <여자>명칭의 분절구조 연구", 고려대학교대학원 (박사학위논문).

장영천(1989) : "Leo Weisgerber의 조어론", <언어 내용 연구>, 태종출판사.

장은하(1996) : "<눈> 이름씨에 대한 고찰", <한국어 내용론> 제4호, 한국어내용학회.

______(1997) : "<눈부위> 이름씨에 대한 고찰", <우리어문 연구> 제10집,

우리어문학회.

______(1998) : "<입> 명칭에 대한 고찰", <모국어와 에네르게이아>, 한국
　　　　어 내용학회.

______(1999) : "현대 국어의 <몸> 명칭에 대한 연구", 한국어와 세계관, 한
　　　　국어 내용학회.

정시호(1994) : <어휘장이론 연구>, 경북대 출판부.

정시호(2000) : "가족유사성 개념과 공통속성", <한국어와 모국어 정신>, 국
　　　　학자료원.

정영완(1987) : "Wilhelm von Humboldt의 언어유형학에 대한 연구", 고려대
　　　　학원.

정태경(2000) : "<밥> 명칭의 분절구조", <한국어와 모국어 정신> 국학자료
　　　　원.

최호철(2000) : "현대 국어 감탄사의 분절구조 연구", <한국어와 모국어 정
　　　　신>, 국학자료원.

허　　발(1974) : "Leo Weisgerber ‑ 특히 그의 언어관, 언어이론과 그것에 대한
　　　　비판에 대하여 ‑ ", 고려대 대학원(박사학위논문).

______ 옮김(1985) : <구조의미론>, 고려대 출판부.

______ 옮김(1986) : <언어내용론>, 고려대 출판부.

______ 옮김(1993) : <모국어와 정신 형성>, 문예출판사.

______ 옮김(1997) : "현대의미론의 이해", 국학자료원.

홍승우(1989) : "Wilhelm von Humboldt의 언어개념", <언어 내용 연구>, 태
　　　　종출판사.

W. L. Chafe(1973) : Meaning and Structure of Languare, The Universitz of
　　　　Chicago Press.

E. Coseriu(1971) : Strache, Strukturen und Funktionen, Tübingen.

__________(1973) : Probleme der Strukturellen Semantionen, Tübingen.

H. Geckeler(1973) : Strukturelle Semantik des Franyösischen, Max Niemezer
　　　　Verlag, Tübingen.

H. Gipper(1974) : "Inhaltbzogene Grammatik" Grundzuge der Literatur und Sprachwissenschaft, Band 2. Deutschenbuch Verlage.

__________(1984) : "Der Inhalt des Wortes und die Gliederung der Sprache", Duden Grammtaik, Duden Verlag, Wien/Zürich.

__________(1969) : Bausteine zur Sprachinhaltsforschung, Pädagogischer Verlag, Schwann, Düsseldorf.

G. Helbig(1974) : Geschichte der neueren Sprachwissenschaft, Rowohit Taschenbuch Verlag. Leipzig-Munchen.

W. v. Humboldt(1979) : Werke Band 3. Schriften zur Sprachphiloosophie, Cott'asche Buchhandlung, Stuttgart.

Milka Ivic(1970) : Trends in Linguistics, Mouton/Co. N. V., Publishers. The Hague.

G. Ipsen(1932) : "Der neue Sprachbegriff, Wege der Forschung(1973), Wissenschaftliche Buchgesellschaft, Darmstadt.

J. Lyons(1979) : Semantics 1. 2. Cambridge Universitz Press, Cambridge.

________(1981) : Language and Linguistics - An Introduction - Cambridge, Methoden - , Erich Schmidt Verlag, Berlin.

E. A. Nida (1975) : Componential Analysis of Meaning, Mouton Publishers, The Hague.

C. K. Ogden/I. E. Richards(1946): The Meaning of Meaning, Harcourt Brace Jovanovich Book, New York/London.

P. H. Salus(1969 ed) : On Language - Plato to von Humboldt - , Holt. Rinehart and Winston, Inc., New York.

J. Trier(1931) : "Über Work-und Begriffsfelder", Wege der Forschung (1973), Wissenschaftliche Buchgesellschaft, Darmstadt.

______(1934) : "Deutsche Bedeutungsforschung", Wege der Forschung (1973), Wissenschaftliche Buchgesellschaft, Darmstadt.

L. Weisgerber(1929) : Muttersprache und Geistesbildung, Göttingen.

__________(1962) : Grundzüge der inhaltbezogenen Grammatik, Düsseldorf.

__________(1963) : Die vier Stufen in der Erforschung der Sprachen, Pädagoischer Verlag, Düsseldorf.

__________(1964) : Das Menschheitsgesetz der Sprache, Quelle/Meyer Verlag, Heidelberg.

__________(1965) : "Die Lehre von der Sprachgemeinschaft", Frankfurter Hefte Zeitschrift für Kultur und Politik, Düsseldorf.

(진건고등학교 교감)

A Study on the wordfield of the nouns expressing man in Modern Korean language.

Jang, Ki-Moon

The problem of the relations between language structure and national mentality occupies a central position in Humboldt's linguistic theory, In his opinion, language is "a specific emanation of the spirit of a particular nation", the external expression of an interior form which reveals a particular view of the world("Weltanschauung": hence Humboldt's theory is usually called the "Weltanschauung" theory).

This study attempts to explain the word-field of the nouns man in modern korean language

The outward appearance become object of the structure of the human body and the adornment

The structure of the human body is related to two viewpoints

<the whole> and <the part>

The adornment is related to five viewpoints <neatness>, <disguise as a woman>, <braid one's hair>, <putting blue clothes>, <one's manner of dressing suspiciously>

〈신발〉 명칭의 분절구조(2)

<신발> 명칭의 분절구조(2)
- 〈시공〉, 〈용도〉, 〈주체〉, 〈형상〉을 중심으로 -

배성우

1. 서론

이 논문은 우리가 일상생활에서 신고 다니는 <신발> 명칭에 나타난 세계관을 해명하기 위하여 시도된다. 세계관이란 객관세계를 바라보는 해당 민족의 독자적이며 고유한 시각이기에 <신발> 명칭에 나타난 세계관의 해명은 <신발>이라는 객관세계를 우리 민족은 어떠한 시각으로 바라보았는지를 해명하는 작업이다.

어휘분절구조(Wortfeld) 이론에 의하면, 한 언어의 어휘 속에는 그 언어를 사용하는 언어 공동체의 세계관, 즉 세계를 바라보는 시각이 반영되어 있음[1]을 제시하고 있다. 이에 따르면 어휘는 단순히 대상을 지칭하는데 그치지 않고 해당 언어 공동체의 대상을 바라보는 시각이 반영되어 있음을 뜻한다. 이러한 대상을 바라보는 시각은 언어마다 다르며, 언어가 다른

---

1) 허발(1981): 「낱말밭의 이론」 고려대학교출판부. 9~15쪽 참조.

것은 대상을 바라보는 시각의 차이로 해석된다. 실제로 형제 명칭에서 형과 아우의 경우, 한국어는 형과 아우로 구분되어 누가 더 나이가 많은지가 중요한 분절[2]의 기준이 되는 반면 영어와 독일어의 경우 각각 brother와 Bruder로 한국어에서 분절의 기준이 영어와 독일어에서 나타나지 않고 있다[3]. 이는 바로 동일한 대상을 바라보는 시각이 언어 공동체마다 차이가 있으며, 이것은 바로 객관세계를 바라보는 시각의 차이요, 해당 민족의 정신 세계를 이해할 수 있는 밑거름이 된다.

이러한 작업을 수행하기 위하여 필자는 <신발>과 관련된 낱말들을 다음의 사전들을 참조하여 수집하였다.

① 국립국어연구원(1999). 「표준국어대사전: 상. 중. 하」
② 한글학회(1996). <우리말 큰사전: 상. 하>, 어문각.
③ 이희승 편저(1994). <民衆 엣센스 國語辭典>, 민중서림.
④ 신기철/신용철 편저(1980). <새 우리말 큰 사전: 상. 하>, 삼성출판사.
⑤ 정소프트(주)(1997). <컴퓨터용 전자사전 퍼시딕 7.0>

[신]과 [신발]은 {땅을 딛고 서거나 걸을 때 발에 신는 물건을 통틀어 이르는 말. 가죽 고무 비닐 헝겊 나무 짚 삼 따위로 만들며, 모양과 용도에 따라 여러 가지가 있다}로 풀이되면서 <신발> 명칭의 원어휘소에 해당된다.

위의 원어휘소와 관련된 낱말들 가운데 이 논문에서 다루고자 하는 <시공>, <용도>, <주체>, <형상>과 관련된 낱말은 총 44개가 발견되

---

2) 여기서의 분절(Artikulation)은 상위의 언어 단위가 그것을 구성하고 있는 하위의 작은 단위로 분석되는 과정을 지칭하는 것과는 달리 객관세계를 정신적으로 언어화하는 과정을 기점으로 하여, 그 정신이 반영되어 있는 모국어의 내용구조를 총괄하는 의미를 내포한다. 배해수(1998): 「한국어와 동적언어이론」, 고려대학교출판부. 147쪽 참조.
3) 배해수(1998): 「한국어와 동적언어이론」, 고려대학교출판부. 3쪽 참조.

었으며, 이를 가나다 순서로 배열하면 다음과 같다.

건혜(乾鞋)   고까신
군화(軍靴)   녹비혜(鹿-鞋)
농구화(籠球靴)   덧신
덧장화   동화(冬靴)
러닝슈즈   마른신
마상치   목화(木靴)
무도화(舞蹈靴)   발막
방수화(防水靴)   방한화(防寒靴)
보혜(寶鞋)   상화(上靴)
설상화(雪上靴)   슬리퍼
실내화(室內靴)   야구화(野球靴)
영내화(營內靴)   온혜(溫鞋)
우화(雨靴)   운동화(運動靴)
운혜(雲鞋)   유목화(油木靴)
유혜(油鞋)   이혜(泥鞋)
잠수화(潛水靴)   장화(長靴)
적석(摘鳥)   조리(皁履)
죽신   진신
진신발   짝신
쭉신   청석(靑鳥)
토슈즈   편상화(編上靴)
폐리(弊履)   흙신

　귀납적으로 발견된 결과이지만, 위의 44개의 낱말들은 <시공>과 관련된 낱말이 12개, <용도>와 관련된 낱말이 9개, <주체>와 관련된 낱말이 12개, <형상>과 관련된 낱말이 11개로 나타나고 있다. 이러한 분절구조의 특징을 그림으로 그리면 [그림 1]과 같이 도식화될 수 있다.

[그림 1] 〈신발〉 명칭의 기본 분절구조

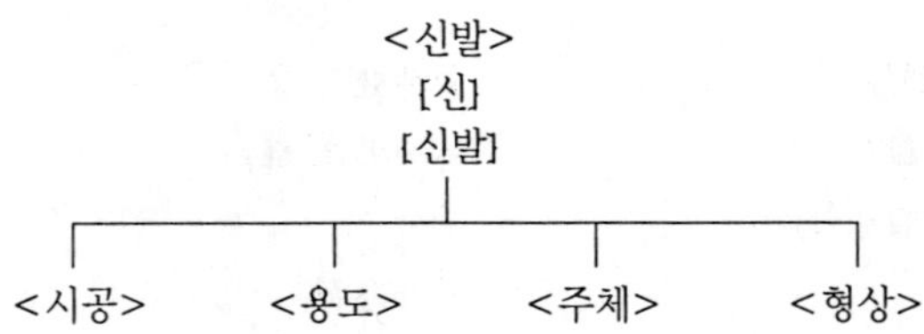

이러한 분절의 특징을 고려하여 2장에서는 〈시공〉과 관련된 표현을,
3장에서는 〈용도〉와 관련된 표현을, 4장에서는 〈주체〉와 관련된 표현
을, 5장에서는 〈형상〉과 관련된 표현을 고찰할 것이다.

2. 〈시공〉과 관련된 표현

(1) 실내화(室內靴)

이 낱말은 {건물 안에서만 신는 신}으로 풀이되면서 〈공간 - 실내〉라
는 특성을 문제삼고 있다.

(2) 상화(上靴)
(3) 덧신

(2)는 (3)의 한자말로 이해되면서 둘은 공히 {실내에서 구두 위에 덧신는
신}으로 풀이된다. 이 뜻풀이 중에서 '구두위에 덧신는' 것은 구두에 붙은
흙먼지로부터 실내를 방호하기 위한 것으로 판단되므로 이 낱말들은 〈공
간 - 실내＋방호대상4) - 실내〉라는 특성을 문제삼고 있는 것으로 이해된

다. 한편 (3)은 {구두가 젖거나 더러워지지 않게 하려고 구두 위에 덧신는, 얇은 고무로 만든 씌우개}로 풀이되면서 <씌우개> 분절에도 관여하고 있다.

(4) 슬리퍼

이 낱말은 {실내에서 신는 신. 뒤축이 없이 발끝만 꿰게 되어 있다}로 풀이되면서 <공간 - 실내 + 형태 - 발끝 덮개>라는 특성을 문제삼고 있다.

(5) 마른신
(6) 건혜(乾鞋)

(6)은 (5)의 한자말로 둘은 공히 {마른땅에서만 신는 신}으로 풀이되면서 <공간 - 실외 - 마른땅>이라는 특성을 문제삼고 있다.

(7) 진신
(8) 유혜(油鞋)[5]
(9) 이혜(泥鞋)

이 낱말들은 {진땅에서 신도록 만든 신}로 풀이되면서 <공간 - 실외 - 진땅>이라는 특성을 문제삼고 있다. 진땅에서 신는 신발은 물이 배지 않게 주로 들기름에 결은 가죽으로 만들어졌다. 이에 따라 <재료> 분절에도 관여하는 이 낱말들은 기름을 뜻하는 油에서 (8)이, 진땅을 뜻하는 泥에

---

4) '방호하다'는 'A로부터 B를 방호하다'라는 점에서 본고에서는 A를 <방호과제>, B를 <방호대상>으로 구분하여 표기한다.
5) 같은 내용을 문제삼는 유혜자(油鞋子)라는 낱말도 있다.

서 (9)가 형성된 것으로 보이며, (7)은 (8)과 (9)의 토박이말로 이해된다.

(10) 우화(雨靴)

이 낱말은 {비가 오거나 땅이 질 때에 신는 신}으로 풀이되면서 <시간
- 우천시+공간 - 진땅>이라는 특성을 문제삼고 있다.

(11)동화(冬靴)

이 낱말은 {겨울 신발}로 풀이되면서 <시간 - 계절 - 겨울>이라는 특
성을 문제삼고 있다.

(12)설상화(雪上靴)

이 낱말은 {눈이나 얼음 위에서 신는 신발}로 풀이되면서 <시간 - 계절
- 겨울+공간 - 얼음>이라는 특성을 문제삼고 있다.

이제까지 고찰한 낱말들은 <시공> 즉 <시간>과 <공간>을 문제삼고
있는 낱말로 신발의 사용시기와 사용장소를 문제삼고 있는 낱말들이다.
이들 낱말들은 일차적으로 <공간>과 <시간>으로 분절되고, <공간>은
<실내>와 <실외>로 다시 분절된다. <실내>는 <용도 - 방호>와 <형
태>를 문제삼고 있으며, <용도 - 방호>는 <방호대상 - 실내>라는 특성
을 문제삼고 있다. <형태>는 <발끝덮개>라는 특성을 문제삼고 있다.
<실외>는 <지면상태>에 의하여 <마른땅>과 <진땅>으로 분절되고,
<진땅>은 <시간 - 우천시>라는 특성을 문제삼고 있다. 한편 <시간>은

<계절 - 겨울>이라는 특성을 문제삼고 있다. 이러한 <시공> 분절구조의
특징을 그림으로 그리면 [그림2]와 같이 도식화될 수 있다.

[그림 2] 〈시공〉과 관련된 표현의 분절구조

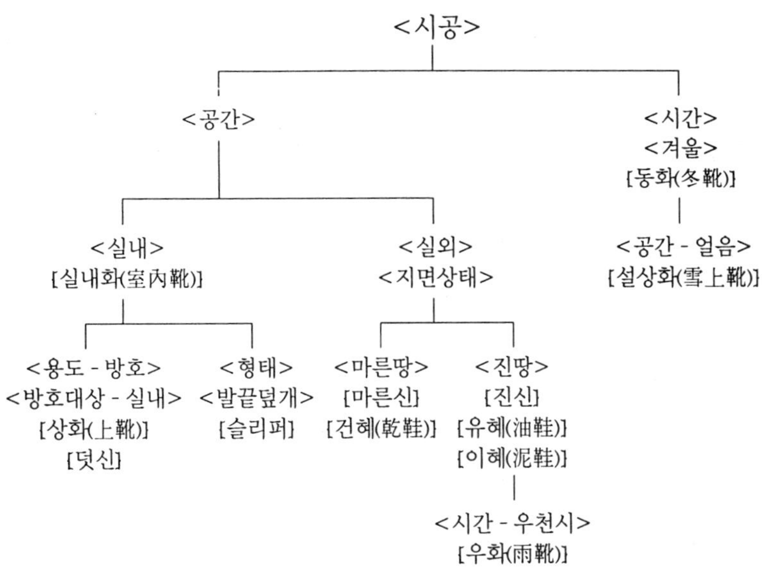

3. 〈용도〉와 관련된 표현

(13) 방수화(防水靴)

이 낱말은 {물이 스며들지 못하게 방수성이 강한 고무나 방수제를 바른
재료로 만든 신}으로 풀이되면서 <용도 - 방호용 - 방호과제 - 물>이라는
특성을 문제삼고 있다.

(14) 방한화(防寒靴)

이 낱말은 {추위를 막기 위하여 신는 신발}로 풀이되면서 <용도 방호
용 - 방호과제 - 추위>라는 특성을 문제삼고 있다.

(15) 무도화(舞蹈靴)

이 낱말은 {춤을 출 때에 신는 신발. 바닥이 얇고 꼭 조이게 만들어져
가볍고 편리하다}로 풀이되면서 <용도 - 예능 - 무용>이라는 특성을 문
제삼고 있다.

(16) 토슈즈

이 낱말은 {발레에서, 여성 무용수가 신는 신발. 보통 분홍색의 새틴으
로 만드는데, 끝을 아교로써 굳게 하고 뒤축이 없다}로 풀이되면서 <용도
- 예능 - 발레>라는 특성을 문제삼고 있다.

(17) 운동화(運動靴)

이 낱말은 {운동할 때 신는 신}으로 풀이되면서 <용도 - 운동>이라는
특성을 문제삼고 있다.

(18) 마상치

이 낱말은 {말을 탈 때에 착용하는 신이나 우장(雨裝)}으로 풀이되면서

<용도 - 운동 - 승마>라는 특성을 문제삼으면서 <우장> 분절에도 관여하고 있다.

(19) 러닝슈즈

이 낱말은 {경주할 때 신는 신발}로 풀이되면서 <용도 - 운동 - 경주>라는 특성을 문제삼고 있다.

(20) 농구화(籠球靴)

이 낱말은 {농구를 할 때에 신는 운동화}로 풀이되면서 <용도 - 운동 - 농구>라는 특성을 문제삼고 있다.

(21) 야구화(野球靴)

이 낱말은 {야구할 때 신는 신}으로 풀이되면서 <용도 - 운동 - 야구>라는 특성을 문제삼고 있다[6].

이제까지 고찰한 낱말들은 <용도>를 문제삼고 있는 낱말들로 일차적으로 <방호용>과 <예체능용>으로 분절된다. <방호용>은 <방호과제>에 의하여 <물>과 <추위>를 문제삼고 있다. 한편 <예체능용>은 <예능>과 <운동>으로 분절되고, 다시 <예능>은 <무용>과 <발레>라는 특성을 문제삼고 있다. <운동>은 <승마>, <경주>, <농구>, <야구>

---

[6] '축구화'라는 낱말도 사용되고 있으나, 아직 사전에 등재되어 있지 않기 때문에 논의에서 제외하였다.

라는 특성을 문제삼고 있다. 이러한 분절구조의 특징을 그림으로 그리면
[그림 3]과 같이 도식화될 수 있다.

[그림 3] 〈용도〉와 관련된 표현의 분절구조

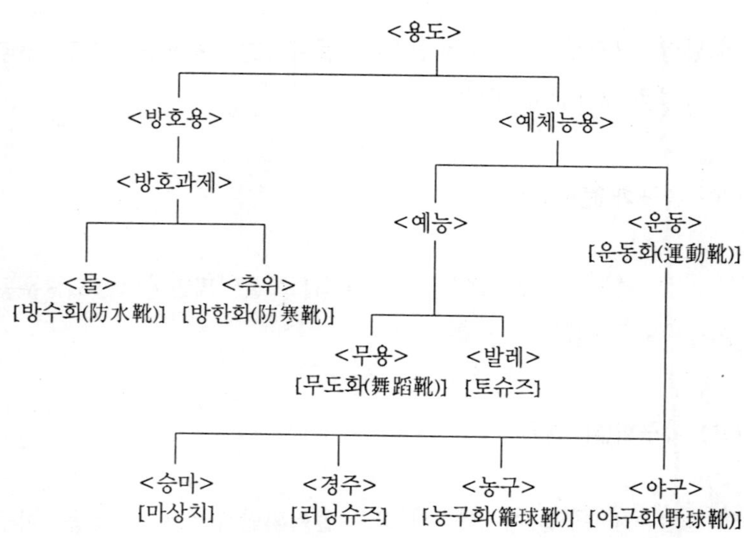

4. 〈주체〉와 관련된 표현

(22) 녹비혜(鹿 - 鞋)

이 낱말은 {사슴의 가죽으로 만든, 목이 짧은 남자 신발}으로 풀이되면
서 <주체 - 성별 - 남자>라는 특성을 문제삼고 있다. 또한 이 낱말은 <재
료 - 사슴가죽>이라는 특성을 문제삼으면서 <재료> 분절에도 관여하고
있다.

(23) 온혜(溫鞋)

이 낱말은 {여자들이 신는 마른신의 하나}로 풀이되면서 <주체 - 여자>라는 특성을 문제삼고 있다. 이 낱말의 뜻풀이 가운데 '마른신'은 '마른땅에서 신는 신'이 아니라 '기름으로 겯지 아니한 가죽신'으로 <재료> 분절에도 관여하고 있다.

(24) 운혜(雲鞋)

이 낱말은 {여자들이 신는 마른신의 하나. 앞코에 구름무늬를 놓는다}로 풀이되면서 <주체 - 성별 - 여자 + 형태 - 구름무늬>라는 특성을 문제삼고 있다. 이 낱말의 뜻풀이 가운데 '마른신' 또한 '기름으로 겯지 아니한 가죽신'으로 <재료> 분절에도 관여하고 있다.

(25) 발막[7]

이 낱말은 {흔히 잘사는 집의 노인이 신었던 마른신}으로 풀이되면선 <주체 - 연령 - 노인>이라는 특성을 문제삼고 있다. 이 낱말의 뜻풀이 가운데 '마른신' 또한 '기름으로 겯지 아니한 가죽신'으로 <재료> 분절에도 관여하고 있다.

(26) 고까신[8]

이 낱말은 {알록달록하게 곱게 만든 아이의 신발}로 풀이되면서 <주체 - 연령 - 어린아이>라는 특성을 문제삼고 있다.

---

7) 같은 내용을 문제삼고 있는 '발막신' 이라는 낱말도 있다.
8) 같은 내용을 문제삼고 있는 '때때신', '꼬까신'이라는 낱말도 있다.

(27) 적석(赤舃)

이 낱말은 {임금이 정복(正服)을 입을 때 신던 가죽신}으로 풀이되면서
<주체 - 신분 - 임금>이라는 특성을 문제삼고 있다. 또한 가죽신의 하나
로 <재료> 분절에도 관여하고 있다.

(28) 청석(靑舃)

이 낱말은 {왕후가 예복에 갖추어 신던 신}으로 풀이되면서 <주체 - 신
분 - 왕후>라는 특성을 문제삼고 있다.

(29) 유목화(油木靴)

이 낱말은 {진땅에서 신던 기름에 결은 나무 신발. 관복을 입을 때에
신었다}로 풀이되면서 <주체 - 신분 - 관리>라는 특성을 문제삼고 있다.
또한 '나무로 만든 신발'로 <재료> 분절에도 관여하는 낱말이다.

(30) 군화(軍靴)9)

이 낱말은 {전투하는 데에 편리하게 만든 군인용 구두}로 풀이되면서
<주체 - 신분 - 군인>이라는 특성을 문제삼고 있다. 또한 '구두'는 일종의
가죽으로 만든 서양식 신발이기에 <재료> 분절에도 관여하고 있다.

(31) 영내화(營內靴)

---

9) 같은 내용을 문제삼고 있는 낱말로 '전투화(戰鬪靴)'라는 낱말도 사용되고 있다.

이 낱말은 {군인이 정규 업무 시간 이외에 병영 안에서 신는 신발}로 풀이되면서 <주체 - 신분 - 군인+공간 - 영내>라는 특성을 문제삼고 있다.

(32) 잠수화(潛水靴)

이 낱말은 {잠수부가 물속에 들어갈 때 신는 신}으로 풀이되면서 <주체 - 신분 - 잠수부>라는 특성을 문제삼고 있다.

(33) 목화(木靴)[10]

이 낱말은 {사모관대를 할 때 신던 신}으로 풀이된다. '사모관대'는 결혼식에서 신랑이 입던 복장이기에 이 낱말은 <주체 - 신분 - 신랑>이라는 특성을 문제삼고 있다.

이제까지 고찰한 낱말들은 신발을 사용하는 <주체>와 관련된 낱말들로 <주체>는 일차적으로 <성별>, <연령>과 <신분>으로 분절된다. <성별>은 <남>과 <여>로 <연령>은 <노>와 <소(어린아이)>로 분절된다. <신분>은 <왕족>과 <일반>으로 분절되고, <왕족>은 <임금>과 <왕후>로 분절되는 양상을 보인다. <신분>은 <직업>과 <신랑/신부>로 분절되고, <직업>은 다시 <관직>과 <일반직>으로 분절되며, <관직>은 <관리>와 <군인>, <일반직>은 <잠수부>로 분절되는 양상을 보인다. 여기서 <군인>은 <공간 - 영내>라는 특성을 문제삼고 있다. <신랑/신부>는 <신랑>이라는 특성만을 문제삼고 있다. 이런한 분절구조의 특징을 그림으로 그리면 [그림 4]와 [그림 5]와 같이 도식화될 수 있다.

---

10) 같은 내용을 문제삼고 있는 화자(靴子)라는 낱말도 있다.

[그림 4] 〈주체〉와 관련된 표현의 분절구조(1)

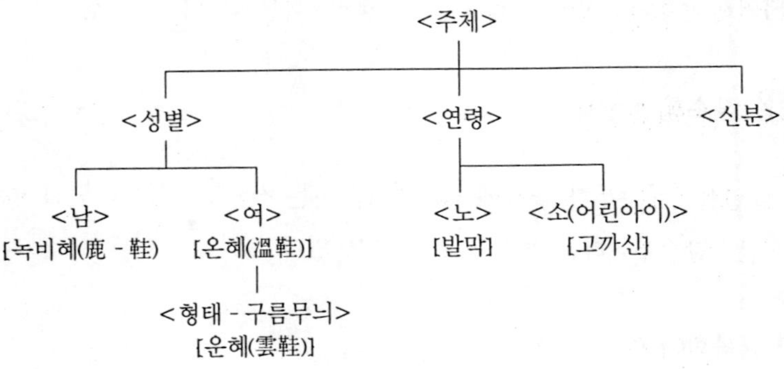

[그림 5] 〈주체〉와 관련된 표현의 분절구조(2)

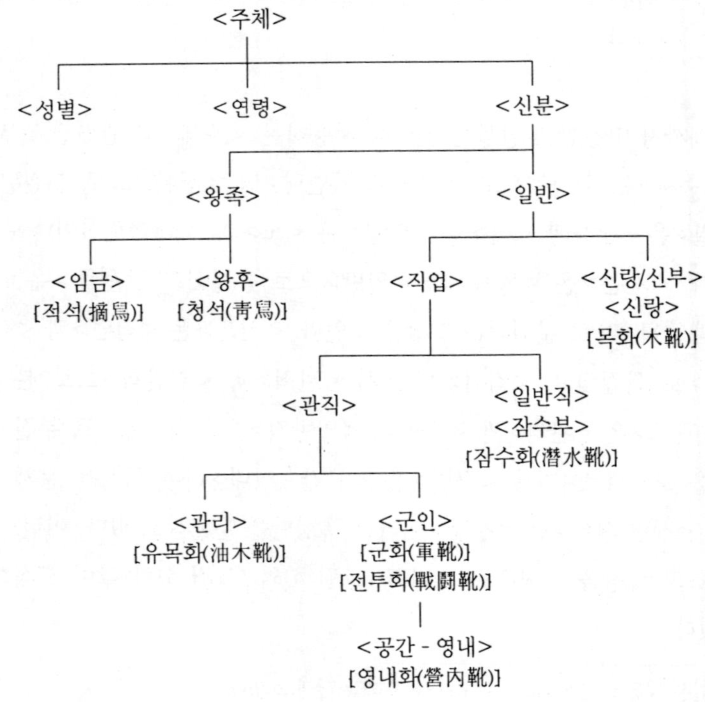

5. 〈형상〉과 관련된 표현

(34) 장화(長靴)

이 낱말은 {목이 길게 올라오는 신}으로 풀이되면서 <형태 - 목이 깊>
이라는 특성을 문제삼고 있다.

(35) 덧장화

이 낱말은 {신발 위에 겹쳐 신는 장화. 주로 독을 막거나 지저분한 물질
이 옷에 묻는 것을 막으려고 신는다}로 풀이되면서 <형태 - 목이 깊+방
호용 - 방호대상 - 실내>라는 특성을 문제삼고 있다.

(36) 편상화(編上靴)

이 낱말은 {신의 등에서부터 목까지 긴 끈으로 얽어매게 되어 있는, 목
이 조금 긴 구두}로 풀이되면서 <형태 - 목이 조금 깊>이라는 특성을 문
제삼고 있다. 또한 '구두'는 일종의 가죽으로 만든 서양식 신발이기에 <재
료> 분절에도 관여하고 있다.

(37) 조리(皁履)

이 낱말은 {검정 신}으로 풀이되면서 <색상 - 흑>이라는 특성을 문제
삼고 있다.

(38) 죽신

이 낱말은 {아무렇게나 대량으로 만들어서 여러 죽씩 헐값으로 파는 신}
으로 풀이되면서 <제조상태 - 대충 만듦>이라는 특성을 문제삼고 있다.

(39) 짝신

이 낱말은 {양쪽이 서로 제 짝이 아닌 신}으로 풀이되면서 <착용상태
- 짝이 틀림>이라는 특성을 문제삼고 있다.

(40) 진신발

이 낱말은 {진창에 젖어 더러워진 신발}로 풀이되면서 <오염상태 - 진
흙투성이>라는 특성을 문제삼고 있다.

(41) 흙신

이 낱말은 {흙투성이가 된 신발}로 풀이되면서. <오염상태 - 흙투성이>
라는 특성을 문제삼고 있다.

(42) 폐리(弊履)

이 낱말은 {헌 신}으로 풀이되면서 <보존상태 - 낡음>이라는 특성을
문제삼고 있다.

(43) 쭉신

이 낱말은 {헤어지고 쭈그러진 헌 신}으로 풀이되면서 헌신보다 더욱
낡은 신발로 이행된다. 따라서 이 낱말은 <보존상태 - 아주 낡음>이라는

특성을 문제삼는 것으로 이해된다.

(44) 보혜(寶鞋)

이 낱말은 {보배로운 신발}로 풀이되면서 <값어치 - 높음>이라는 특성을 문제삼고 있다.

이제까지 고찰한 낱말들은 신발의 <형상>과 관련된 낱말들로 일차적으로 <형태>와 <상태>로 분절된다. <형태>는 <목의 길이>에 의하여 <긺>과 <조금 긺>으로 분절되고 <긺>은 <용도 - 방호용 - 방호대상 - 실내>라는 특성을 문제삼고 있다. <상태>는 <색상>과 <제조상태>, <착용상태>, <오염상태>, <보존상태>, <값어치>로 분절되고, <색상>은 <흑>만을 문제삼고 있다. 한편 <제조상태>는 <대충만듦>으로, <착용상태>는 <짝이 틀림>으로, <오염상태>는 <진흙투성이>와 <흙투성이>로, <보존상태>는 <낡음>과 <아주 낡음>으로, <값어치>는 <높음>으로 분절되는 양상을 보인다. 이런한 분절구조의 특징을 그림으로 그리면 [그림 6]과 [그림 7]과 같이 도식화될 수 있다.

[그림 6] 〈형상〉과 관련된 표현의 분절구조(1)

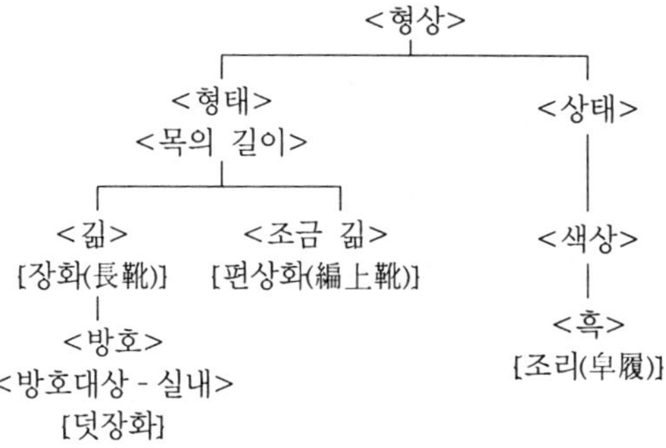

[그림 7] 〈형상〉과 관련된 표현의 분절구조(2)

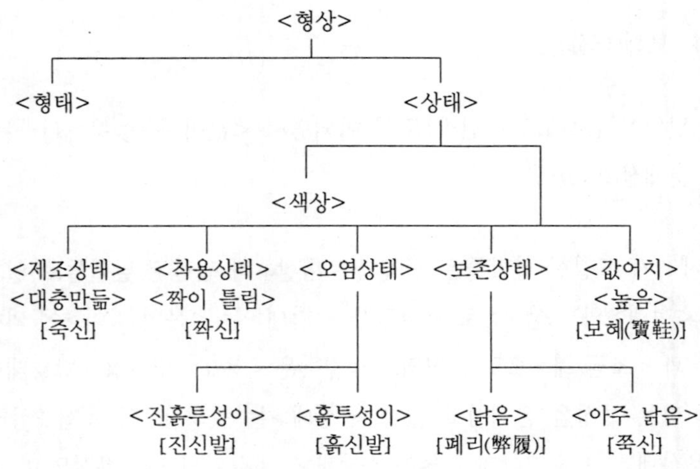

6. 결론

  지금까지 〈신발〉 명칭은 일차적으로 〈재료〉, 〈시공〉, 〈용도〉, 〈주체〉, 〈형상〉으로 분절됨을 밝혔고, 이 논문에서는 〈재료〉를 제외한 〈시공〉, 〈용도〉, 〈주체〉, 〈형상〉과 관련된 낱말들의 분절구조를 고찰하였다. 이러한 고찰 결과 나타난 특징을 요약하여 결론을 맺고자 한다.

  (1) 〈신발〉 명칭 가운데 〈재료〉와 관련된 표현을 제외하면 44개의 낱말들이 나타나는데, 이들은 일차적으로 신발을 사용하는 시간과 공간을 문제삼는 〈시공〉, 사용 용도를 문제삼는 〈용도〉, 신발의 사용자를 문제삼는 〈주체〉, 신발의 형태와 상태를 문제삼는 〈형상〉으로 분절된다.

  (2) 신발의 사용 시간과 공간을 문제삼는 〈시공〉은 〈공간〉과 〈시간〉으로 분절되고, 〈공간〉은 〈실내〉와 〈실외〉로 다시 분절된다. 〈실내〉

는 <용도 - 방호>와 <형태>를 문제삼고 있으며, <용도 - 방호>는 <방호대상 - 실내>라는 특성을 문제삼고 있다. <형태>는 <발끝덮개>라는 특성을 문제삼고 있다. <실외>는 <지면상태>에 의하여 <마른땅>과 <진땅>으로 분절되고, <진땅>은 <시간 - 우천시>라는 특성을 문제삼고 있다. 한편 <시간>은 <계절 - 겨울>이라는 특성을 문제삼고 있다.

(3) <용도>를 문제삼고 있는 낱말들은 일차적으로 <방호용>과 <예체능용>으로 분절된다. <방호용>은 <방호과제>에 의하여 <물>과 <추위>를 문제삼고 있다. 한편 <예체능용>은 <예능>과 <운동>으로 분절되고, 다시 <예능>은 <무용>과 <발레>라는 특성을 문제삼고 있다. <운동>은 <승마>, <경주>, <농구>, <야구>라는 특성을 문제삼고 있다.

(4) <주체>는 일차적으로 <성별>, <연령>과 <신분>으로 분절된다. <성별>은 <남>과 <여>로 <연령>은 <노>와 <소(어린아이)>로 분절된다. <신분>은 <왕족>과 <일반>으로 분절되고, <왕족>은 <임금>과 <왕후>로 분절되는 양상을 보인다. <신분>은 <직업>과 <신랑/신부>로 분절되고, <직업>은 다시 <관직>과 <일반직>으로 분절되며, <관직>은 <관리>와 <군인>, <일반직>은 <잠수부>로 분절되는 양상을 보인다. 여기서 <군인>은 <공간 - 영내>라는 특성을 문제삼고 있다. <신랑/신부>는 <신랑>이라는 특성만을 문제삼고 있다.

(5) <형상>과 관련된 낱말들로 일차적으로 <형태>와 <상태>로 분절된다. <형태>는 <목의 길이>에 의하여 <깊>과 <조금 깊>으로 분절되고 <깊>은 <용도 - 방호용 - 방호대상 - 실내>라는 특성을 문제삼고 있다. <상태>는 <색상>과 <제조상태>, <착용상태>, <오염상태>, <보존상태>, <값어치>로 분절되고, <색상>은 <흑>만을 문제삼고 있다. 한편 <제조상태>는 <대충만듦>으로, <착용상태>는 <짝이 틀림>

으로, <오염상태>는 <진흙투성이>와 <흙투성이>로, <보존상태>는
<낡음>과 <아주 낡음>으로, <값어치>는 <높음>으로 분절되는 양상
을 보인다.

참고문헌

강호진(1989) : “언어밭의 형식화 가능성 문제에 대하여.”「언어 내용 연구」, 태종출판사.

고려대 민족문화연구소(1995) : <중한 대사전>.

김민수(1981) : <국어 의미론>, 일조각.

김성대(1979) : “세계의 언어화에 대하여.”「한글」166호, 한글학회.

김영희(1998) : “<Angst>에 대한 낱말밭 연구 - 독일어와 한국어의 형용사를 중심으로 - .”「한국어 내용론」제5호(모국어와 에네르게이아), 한국어내용학회.

김재영(1996) :「성능중심 어휘론」, 국학자료원.

박영순(1994) :「한국어 의미론」, 고려대출판부.

배성우(1996) : “<그릇> 명칭에 대한 고찰.”「한국어 내용론」제4호, 한국어 내용학회.

______(1997) : “ <농기구> 명칭에 대한 고찰.”「우리어문연구」11집(한국어 문학의 이해), 우리어문학회.

______(2002) : “<신발> 명칭에 대한 고찰 - <재료>를 중심으로.”「한국어 어휘 분절구조 연구」(한국어내용학회), 국학자료원.

배성훈(1999) : “<산> 명칭에 대한 고찰 - <위치>를 중심으로 - .”「우리어 문 연구」13집(한국어의 내용적 고찰), 우리어문학회.

배해수(1998) :「한국어와 동적언어이론 - 국어내용연구 4 - 」, 고려대학교출 판부.

______(2000) :「국어내용연구(5)」- 그 방안과 실제 - 국학자료원.

신기철/신용철 편저(1980) :「새 우리말 큰 사전: 상. 하」, 삼성출판사.

신익성(1993) :「훔볼트」서울대출판부.

沈在箕, 李基用, 李廷玟(1984) :「意味論 序說」, 集文堂.

안정오(1998) : "훔볼트의 사상적 특징." 「한국어 내용론」 제5호(모국어와 에
         네르게이아), 한국어내용학회.

이규호(1978) : 「말의 힘」, 제일출판사.

이성준(1998) : "언어와 사고의 본질에 대한 연구." 「인문대 논집」, 고려대학
         교 인문대학.

______(1998) : "하만과 헤르더의 언어사상." 「한국어 내용론」 제5호(모국어와
         에네르게이아), 한국어내용학회.

______(1999) : 「훔볼트의 언어철학」, 고려대학교출판부.

이희승 편저(1986) : 「국어 대사전」, 민중서림.

임환재 옮김(1984) : 「언어학사」(G. Helbig : Geschichte der neueren Sprach-
         wissenschaft), 경문사.

장기문(1995) : "<아이> 명칭에 대한 고찰(3) - <현황> 분절을 중심으로 - ."
         「한국어 내용론」 제3호, 한국어내용학회.

______(1999) : "현대국어의 <직업인> 명칭에 대한 연구(2) - <전문가 - 기술
         가(기술자)>를 중심으로 - ." 「우리어문 연구」 13집(한국어의
         내용적 고찰), 우리어문학회.

장은하(1996) : "<눈> 이름씨에 대한 고찰." 「한국어 내용론」 제4호, 한국어
         내용학회.

______(1999) : " 현대국어의 <발부위> 명칭에 대한 연구." 「우리어문 연구」
         13집(한국어의 내용적 고찰), 우리어문학회.

정 광(1998) : "구소련의 언어학과 초기 북한의 언어 연구." 「언어정보」(2),
         고려대 언어정보연구소.

정소프트(주)(1997) : 「컴퓨터용 전자사전 피시딕 7. 0」.

정시호(1994) : 「어휘장이론 연구」, 경북대 출판부.

정태경(1999) : "<떡> 명칭의 분절구조." 「한국어 내용론」 제6호(한국어와
         세계관), 한국어 내용학회.

______(1999) : "<국> 명칭의 분절구조." 「우리어문 연구」 13집(한국어의 내
         용적 고찰), 우리어문학회.

최호철(2000) : "현대국어 감탄사의 분절구조 연구." 「한국어와 모국어정신」
(한국어내용학회), 국학자료원.

하길종(1999) : "<힘> 명칭에 대한 고찰(3) - <근원(무정성)>을 중심으로 -."
「우리어문 연구」 13집(한국어의 내용적 고찰), 우리어문학회.

한글학회(1992) : 「우리말 큰사전」, 어문각.

허발(1981) : 「낱말밭의 이론」 고려대출판부.

허발옮김(1986) : 「언어내용론」, 고려대출판부.

홍승우(1989) : "Wilhelm von Humboldt의 언어개념." 「언어 내용 연구」, 태종
출판사.

H. Gipper(1965) "Whilhelm von Humboldt als Begruender Moderner
Sprachforschung" Wirkendes Wort 15

__________(1974) : "Inhaltbezogene Grammatik" Grundzuege der Literatur und
Sprachwissenschaft, Band 2. Deutsche Taschenbuch Verlag.

__________(1984) : "Der Inhalt des Wortes und die Gliederung der Sprache",
Duden Grammatik, Duden Verlag, Wien/Zuerich.

__________(1969) : Bausteine zur Sprachinhaltsforschung, Paedagogischer Verlag,
Schwann, Duesseldorf.

G. Helbig(1974) : Geschichte der neueren Sprachwissenschaft, Rowohlt
Taschenbuch Verlag, Leipzig/Muenchen.

__________(1961) : "Die Sprachauffassung Leo Weisgerbers - Zum Problem der
'funktionalen' Grammatik - ", Der Deutchunterricht (Sprach-
lehre III), Stuttgart.

W. v. Humboldt(1979) : Werke Band 3. Schriften zur Sprach-philosophie,
Cott'asche Buchhandlung, Stuttgart.

F. Schneider(1995) : Der Typus der Sprache, Munster

H. Schwarz(1966) : "Gegenstand, Grundlagen, Stellung und Verfahrenweise der
Sprachinhaltsforschung, eroertert an den Gegebenheiten des
Wortschatzes" Bibliographisches Handbuch zur Sprachinhaltsforschung

Lieferung 7

J. Trier(1931) : "Ueber Wort-und Begriffsfelder", Wege der Forschung(1973), Wissenschaftliche Buchgesellschaft, Darmstadt.

________(1934) : "Deutsche Bedeutungsforschung", Wege der Forschung (1973), Wissenschaftliche Buchgesellschaft, Darmstadt.

L. Weisgerber(1929) : Muttersprache und Geistesbildung, Goettingen.

____________(1962) : Grundzuege der inhaltbezogenen Grammatik, Duesseldorf.

____________(1963) : Die Vier Stufen in der Erforschung der Sprachen, Paedagogischer Verlag, Duesseldorf.

____________(1964) : Das Menschheitsgesetz der Sprache, Quelle/Meyer Verlag, Heidelberg.

____________(1965) : "Die Lehre von der Sprachgemeinschaft", Frankfurter Hefte Zeitschrift fuer Kultur und Politik, Duesseldorf.

____________(1971) : Die Geistige Seite Der Sprache und ihre Erfor-schung, Paedagogischer Verlag, Schwann, Duesseldorf.

(고려대 강사)

A Study on the Wordfield of Nouns Expressing <신발 (shoes)> in Modern Korean Language - especially focusing on <period and place>, <uses>, <by whom>, <looks>

Bae Sung Woo

In this study I made an attempt to apply 'wordfield-theory' to finding out the viewpoints of Korean people contemplating the Nouns Expressing <Shoes>. As a result of this study focusing specially on <period and place>, <uses>, <by whom>, <looks>, I made certain of following facts.

(1) In this structure two lexemes, as [신] and [신발], are fulfilling their functions as archilexemes.

(2) This Structure is related four viewpoints, <period and place>, <uses>, <by whom>, <looks>.

(3) The structure, <period and place>, is classified into two sub-structures as <period> and <place>. The sub-structure, <period>, is again classified into <winter> and the sub- structure, <place>, is classified into <inside of the room> and <outside of the room>.

(4) The structure, <uses>, is classified into two sub- structures as <defence> and <sports>.

(5) The structure, <by whom>, is classified into three sub- structure as <male and female>, <old person and young person> and <social position>.

(6) The structure, <looks>, is classified into two sub- structures as <outward appearance> and <aspect>. The sub-structure, <outward appearance>, is classified into <the high of the shaft of the shoes>. The sub-structure, <aspect>, is classified into <color aspect>, <manufactured aspect>, <wearing aspect>, <dirty aspect>, <preservation aspect> and <value>.

〈말〉 명칭의 분절구조 연구(4)
- 〈품격〉을 중심으로 -

손숙자

1. 머리말

이 연구는 현대국어에 있어서 <말> 명칭의 <품격>을 나타내는 분절 구조를 해명해 보기 위하여 시도된다. 이 연구는 <말>이라는 객관세계에 대한 한국인의 관조방식을 발견하고, 부차적으로 <말> 명칭의 어휘체계를 발견하는데 그 의의가 있다. 일반적으로 말은 입말과 글말을 통칭하며, 글말은 입말의 보완이다. 여기서 다루는 <말>은 <입말+글말>을 대상으로 한다.

훔볼트에 의하여 철학적 기반이 구축되고 훔볼트의 부활로 불리는 바이스게르버에 의하여 일반언어학으로 기틀이 잡히게 된 동적언어이론의 핵심은 에네르게이아라는 용어 속에 함축되어 있다. 훔볼트는, "언어 자체는 에르곤(Ergon: 작품)이 아니라, 오히려 에네르게이아(Energeia:활동)이다. 즉 언어란 분절된 음성이 사상표현의 능력이 있는 것으로 하기 위한 영원히 되풀이 되는 정신의 활동"이라고 하였다[1]. 언어는 특정한 민족의 정신의 발산이며, 해당민족이 세계를 바라보는 고유하고 독자적인 견해를 반영하는 내적형식의 외적표현이다. 즉 언어는 음성형태일 뿐만아니라 세계의 내적인 형성인 것이다.[2] 달리 표현하자면, 이 이론에 있어서 언어는 모국어를 의미하는데, 이 모국어는 민족의 정신활동의 소산물이며, 다른 한편으로는 민족의 정신을 형성하는 힘인 것이다.[3] 그러한 의미에서 모국어는 정신을 형성하는 힘이며, 문화를 창조하는 힘이며, 역사를 창조하는 힘[4]인 것이다. 따라서, 동적언어 이론에서 언어를 고찰한다는 것은 모국어와 정신과의 관계를 해명하는 길이 된다.

바이스게르버(L.Weisgerber)는 언어연구를, 중간세계이론을 바탕으로 4단계로 설정하였다. 그는 언어연구를 문법적인 방법의 정적인 고찰과, 언어학적 방법의 동적인 고찰로 크게 나누고, 전자를 다시 기능(Funktion)과 의미(Bedeutung)가 주된 개념이 되는 형태 중심의 고찰과 내용(Inhalt)이 중심 개념이 되는 내용 중심의 고찰, 후자를 포착(Zugriff)과 세계의 언어화(das Worten der Welt)가 중심개념이 되는 직능 중심의 고찰과, 타당성(Geltung)이 주된 개념이 되는 작용 중심의 고찰로 각각 분류하였다.[5] 동적언어이론에서는 어휘론, 조어론, 품사론, 월구성안등 네가지 부문의 문법에 대한 연구가 가능한데[6], 이 4단계 이론 가운데 내용 중심 단계의 차원에서 어휘를 고찰할 수 있도록 마련된 방법론이 어휘분절구조 이론(Wortfeld-theorie)이다. 분절구조이론은 오늘날 어휘적의미론의 선구로서, 인류언어학적 대조 연구의 수단으로 그 공적이 높이 평가되어야 할 것이다.[7]

---

1) 허발(1981), 낱말밭이론, 고려대출판부, 11쪽참조
2) 배해수(1998), 한국어와 동적언어이론, 고려대학교출판부,145참조
3) 배해수(1998), op cit, 138-139 참조
4) 福田幸夫譯(1994).母語の言語學(Leo.Weisgerber).三元社43,132,145참조.
5) 이성준(1993),언어내용이론,국학자료원,22-37참조
6) 배해수(1998): op cit,23쪽참조

<말> 명칭은 일차적으로 <목적>, <평가방식>, <내용>, <**表現방식**> 등이 관조의 대상이 되면서 하위분절되어 있다. 이 연구는 이 분절들 가운데 <표현방식>의 분절구조만을 다루기로 한다. <표현방식>은 <크기>, <정도>, <품격> 등이 있는데, 여기서는 <품격> 분절만을 대상으로 삼게 된다.

이러한 해당분절구조의 발견을 위해서는 어휘자료의 수집이 선행되어야 한다. 자료수집을 위해서는 여러 가지 다양한 방법이 있으나, 모국어 전체 어휘를 대상으로 해야 하기 때문에, 여기서는 사전에 의존하는 방법을 선택하기로 한다. 이 분절과 관련된 어휘를 수집하기 위하여 참고한 사전류는 다음과 같다.

국립국어연구원(2001): <표준국어대사전>, 두산동아.
신기철/신용철편저(1980): <새 우리말 큰사전:상.하>, 삼성출판사.
이가원/권오순/임창순감수(1985): <동아한한대사전>, 동아출판사.
이기문감수(1997): <동아 새 국어 사전>, 동아출판사.
이희승편저(1986): <국어 대사전>, 민중서림.
정소프트(주)(1997): <컴퓨터용 전자사전 피시딕7.0>
한글학회(1997): <우리말 큰 사전>, 어문각

위의 문헌에서 발견된 자료들을 형태순으로 배열하면 다음과 같다.

가사[佳詞]	고담[高談]	낮은말
말	미사[美辭]	비사[鄙詞]
비어[卑語]	비언[鄙言]	비언[鄙諺]
상담[常談]	상말	상소리
속어[俗語]	속언[俗言]	속언[俗諺]

---

7) 정시호(1994): 어휘장이론연구, 경북대학교출판부,3쪽참조

아어[雅語]　　　아언[雅言]　　　언어[諺語]
여사[麗詞]　　　유언[蕎言]　　　이어[俚語]
이언[俚言]　　　이언[俚諺]　　　추담[醜談]
추설[醜說]　　　추언[醜言]

2. 원어휘소와 기본구조

(1) 말

이 낱말은 {①사람의 생각이나 느낌따위를 표현하고 전달하는데 쓰는 음성기호. 곧 사람의 생각이나 느낌따위를 목구멍을 통하여 조직적으로 나타내는 소리를 가리킨다.=語辭(어사) ②음성기호로 생각이나 느낌을 표현하고 전달하는 행위. 또는 그런 결과물.=소리 ③일정한 주제나 줄거리를 가진 이야기 ④단어·구,문장따위를 통틀어 이르는 말 ⑤소문이나 풍문따위를 이르는 말. } 등의 의미로 풀이되는데, 이 풀이 가운데 ①이 이 분절에서의 주된 내용이 된다. 그리고 이 낱말은 <사고 표현행위+기관(방식) - 입 혹은 글>이라는 특성을 가지면서, <말>이라는 분절에 있어서 원어휘소의 자리에 위치하고 있다.8)

[말]을 원어휘소로 하는 <말>명칭의 분절에 있어서는 1차적으로 <목적>, <평가방식>, <내용>, <표현방식>이 관조의 대상이 된다. 여기서는 <말>의 분절구조 중에서 <표현방식>중 <품격>의 분절만을 다루기로 한다. 전술한 바와 같이 <말>명칭 분절구조의 기본구조를 도식화하면 [그림1]과 같다.

---

8) 이러한 특성을 설명하는데 있어서 메타언어는 다음과 같은 것을 사용하였다.
　ㄱ.< > :특성, ㄴ.( ) :한자, ㄷ.[ ] : 낱말, ㄹ.{ } :낱말의 뜻풀이

[그림1] 〈말〉 중심의 표현

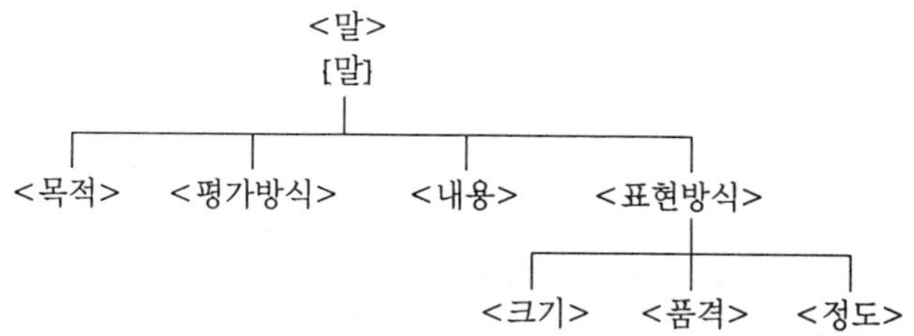

<품격>은 귀납적으로 발견된 결과로서, <귀천>과 <미추>에 의해서 분절되어 있다. <귀천>에서는 <귀함>과 <천함>이 관조의 대상이 되어 있고, <미추>에서는 <아름다움>과 <추함>이 관조의 대상이 되어 있다. 이 분절구조의 기본구조를 그림으로 나타내면 [그림2]와 같이 될 것이다.

[그림2] 〈품격〉 명칭의 분절구조

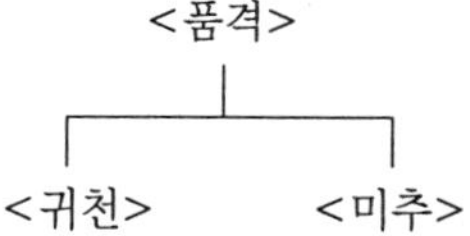

3. 〈귀천〉 중심의 표현

(2) 고담(古談)

이 낱말은 {고상한 말}로 풀이되면서, <품격+귀천+귀함+고상함>이라는 특성을 문제삼고 있다. 또한 이 낱말은 {남을 높여 그의 말을 이르는 말}과 {거리낌없이 큰 소리로 하는 말}이라는 내용으로 쓰이기도 한다.

(3) 아어(雅語)
(4) 아언(雅言)

위 낱말들은 {바르고 우아한 말}로 풀이되면서, <품격＋귀천＋귀함＋우아함>이라는 특성을 문제삼고 있다

(5) 비어(卑語)
(6) 비언(鄙言)

위 낱말들은 {점잖치 못하고 천한말}로 풀이되면서, <품격＋귀천＋천함>이라는 특성을 문제삼고 있다. 또한 {대상을 낮추거나 낮잡는 뜻으로 이르는 말}이라는 내용으로 쓰이기도 한다.

(7) 낮은 말
(8) 상담(常談)
(9) 비언(鄙諺)
(10) 언어(諺語)

(7)은 {상스럽고 천한 말}로 풀이되면서, {낮은 소리로 하는 말}이라는 내용으로 쓰이기도 한다. (8)은 {상스러운 말}로 풀이되며, {보통 쓰는 평범한 말}이라는 내용으로 쓰이기도 한다. (9)는 {품위가 매우 낮은 말이나 속담}으로 풀이되며, {낮은 소리로 하는 말}이라는 내용으로 쓰이기도 한다. (10)은 {상스러운 말}로 풀이된다. (7)-(10)은 공통적으로 <품격＋귀천＋천함＋상스러움>이라는 특성을 문제삼고 있다.

(11) 상소리

이 낱말은 {거칠고 상스러운 말이나 소리}로 풀이되면서, <품격＋귀천
＋천함＋거칢>이라는 특성을 문제삼고 있다.

(12) 속언(俗諺)

이 낱말은 {세간에 떠도는 상스러운 말}로 풀이되면서, <품격＋귀천＋
천함＋세간에 떠돎>이라는 특성을 문제삼고 있다. 또한 {예로부터 전하
여 내려오는 말}이라는 내용으로 쓰이기도 한다.

(13) 상말
(14) 비사(鄙詞)

(13)은 {점잖치 못하고 상스러운 말}로 풀이되며, (14)는 {점잖치 못하
고 상스럽게 하는 말}로 풀이되면서, 둘다 공통적으로 <품격＋귀천＋천함
＋점잖치 못함>이라는 특성을 문제삼고 있다.
　　또한 (14)는 {자기의 말을 낮추어 이르는 말}이라는 내용으로 쓰이기도
한다.

(15) 속어(俗語)
(16) 속언(俗言)

위 낱말들은 {통속적으로 쓰이는 저속한 말}로 풀이되면서, <품격＋귀
천＋천함＋저속함>이라는 특성을 문제삼고 있다.

(17) 이어(俚語)

(18) 이언(俚言)

위 낱말은 {항간에 퍼져 쓰이는 속된 말}로 풀이되면서, <품격+귀천+
천함+저속함+항간에 퍼짐>이라는 특성을 문제삼고 있다.

지금까지 고찰한 결과를 요약하면, <귀천>과 관련된 표현들은 일차적
으로 <귀함>과 <천함>으로 분절되고, <귀함>은 다시 <고상함>과 <우
아함>으로 분절되며, <천함>은 <상스러움>과 <저속함>으로, <상스
러움>은 다시 <거칢>과 <세간에 떠돎>, <점잖치 못함>으로 분절되
며, <저속함>은 <항간에 퍼짐>이 문제되어 있다. 이를 그림으로 나타내
면 [그림3]이 될 것이다.

[그림3] 〈귀천〉중심의 표현

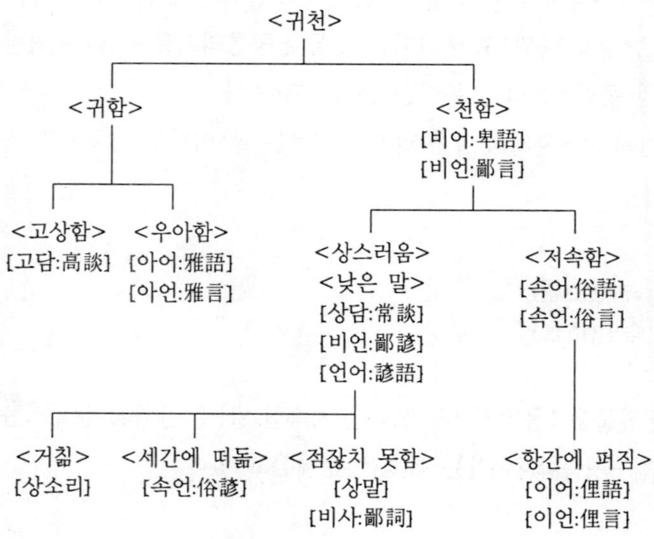

4. 〈미추(美醜)〉 중심의 표현

(19) 가사(佳詞)

위 낱말은 {아름다운 말이나 글}로 풀이되면서, <품격＋미추＋아름다
움>이라는 특성을 문제삼고 있다.

(20) 미사(美辭)
(21) 여사(麗辭)
(22) 화사(華辭)

(20)-(22)는 {아름답게 표현된 말}로 풀이되면서, <품격＋미추＋아름답
게 표현함>이라는 특성을 문제삼고 있다. 또한 (20)은 {교묘하게 쓰이는
말}로 쓰이기도 한다. 또한 (21)은 {아름다움에 고움}이라는 특성을 지니
고 있으며, (22)는 {아름다움에 화려함}이라는 특성을 지니고 있다.

(23) 유언(莠言)

위 낱말은 {추한 말}로 풀이되면서, <품격＋미추＋추함>이라는 특성
을 문제삼고 있다.

(24) 추언(醜言)

위 낱말은 {지저분하고 나쁜 말}로 풀이되면서, <품격＋미추＋추함＋
저저분함>이라는 특성을 문제삼고 있다.

(25) 추담(醜談)
(26) 추설(醜說)

(25)-(26)는 {더럽고 음란한 말}로 풀이되면서, <품격+미추+추함+음란함>이라는 특성을 문제삼고 있다.

지금까지의 고찰한 결과를 요약하면, <미추>는 <아름다움>과 <추함>으로 분절된다. 이를 그림으로 나타내면 [그림4]와 같이 될 것이다.

[그림4] 〈미추〉 중심의 표현

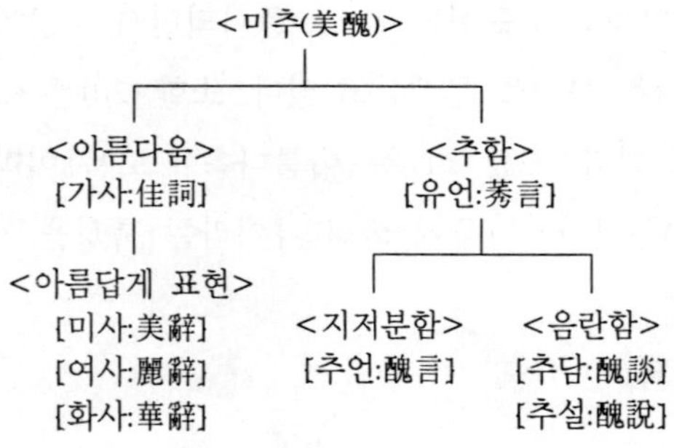

5. 마무리

이 연구는 현대국어에 있어서 <말> 명칭의 분절을, <품격>을 중심으로 해명해 보기 위하여 시도된 것인데, 이는 <말+품격>이라는 객관세계에 대하여 한국인의 관조방식을 발견하고, <말> 명칭의 어휘체계를 발견해 보기 위하여 시도된 것이다. 그 과정을 통하여 나타난 특징들을 요약하여 정리하면 다음과 같다.

  (1) <말> 명칭의 분절구조를 대표하는 원어휘소의 자리에는 <말>이
위치하고 있다.
  (2) <말>명칭 분절의 하위관점인 <품격>에 있어서는 <귀천>과 <미
추>가 관조의 대상이 되어 있다.
  (3) <귀천>에 있어서는 <귀함>과 <천함>이 관조의 대상이 되어 있
다. <귀함>에 있어서는 <고상함>과 <우아함>이 관조의 대상이 되어
있으며, <천함>에 있어서는 <상스러움>과 <저속함>이 관심의 대상이
되어 있으며, <상스러움>은 <거칢>과 <세간에 떠돎>, <점잖치 못함>
이 관조의 대상이 되어 있으며, <저속함>은 <항간에 퍼짐>이 관심의
대상이 되어 있다.
  (4) <미추> 분절은 <아름다움>과 <추함>에 의하여 분절되어 있다.

  필자는 <말>명칭의 분절구조 중 <목적>과 <평가방식>은 이미 발표
하였는데, <표현방식> 등 다른 분절구조에 대한 연구는 후고로 미룬다.

참고문헌

국립국어연구원(2001), 표준국어대사전, 서울 : 두산동아.

김광해(1990), 반대말사전, 서울 : 국학자료원

김방한역(1993), 언어학사, 서울 : 형설출판사.

김연심(2001), <시각행위>명칭의 분절구조 연구(1), 서울 : 고려대 한국학연
　　　　　　구소

김용한(1998), 한자어소의 의미기능연구, 서울 : 국학자료원.

김재영(1996), 성능중심어휘론, 서울 : 국학자료원.

김진우(1999), 언어, 서울 : 탑출판사.

남영신(2001), 우리말 분류사전, 서울 : 성안당.

노대규(1996), 한국어의 입말과 글말, 서울 : 국학자료원

배성우(2001), "<탈 것>명칭의 분절구조 연구", 서울 : 고려대대학원

배해수(1995), 동적언어이론의이해, 서울 : 국학자료원.

＿＿＿＿(1998), 한국어와 동적언어이론, 서울 : 고려대학교출판부.

＿＿＿＿(1999), "<밤>명칭에 대한 고찰", 서울 : 「한국어의 내용적 고찰」우리
　　　　　　어문연구 13집

＿＿＿＿(2000), 국어내용연구(5), 서울 : 국학자료원.

＿＿＿＿(2000), "<저녁> 명칭의 분절구조 연구", 서울 : 「한국어와 모국어정
　　　　　　신」, 국학자료원

손숙자(2001), 현대국어 <말>명칭에 대한 고찰(1), -<목적>을 중심으로,
　　　　　　서울 : 고려대학교 한국학연구소

＿＿＿＿(2002), 현대국어 <말>명칭에 대한 고찰(2), -<평가방식>을 중심으
　　　　　　로, 서울 : 국학자료원

신기철/신용철편저(1980), 새 우리말 큰사전, 상·하, 서울 : 삼성출판사.

신익성(1974), 바이스게르버의 언어이론, 한글 제 153호, 서울 : 한글학회.

안정오(1998), 훔볼트의 사상적 특징, 서울 : 한국어내용학회.

이가원/권오순/임창순감수(1985), 동아한한대사전, 서울 : 동아출판사.

이기문감수(1997), 동아 새 국어 사전, 서울 : 동아출판사.

이성준(1993), 언어내용이론 - 통어론을 중심으로, 서울 : 국학자료원.

______(1996), "빌헬름 폰 훔볼트의 언어관에 나타난 언어의 본질 : 한국어내
용론」제4호, 서울 : 한국어내용학회

______(1996), 훔볼트의 언어철학, 서울 : 고려대학교 출판부

이희승편저(1986), 국어 대사전, 서울 : 민중서림.

임환재역(1984), 언어학사, 서울 : 형설출판사.

장기문(2001), "현대국어<여자>명칭의 분절구조연구", 서울 : 고려대학원

장은하(1996), "<눈>이름씨에 대한 고찰", 「한국어내용론」제4호, 서울 : 한
국어내용학회

정소프트(주)(1997), 컴퓨터용 전자사전 피시딕7.0

정시호(1994), 어휘장이론연구, 대구 : 경북대학교출판부.

정태경(1999), <국> 명칭의 분절구조, 서울 : 우리어문연구13.

한국어내용학회(1999), 한국어와 세계관, 서울 : 국학자료원.

______________(2000), 한국어와 모국어정신, 서울 : 국학자료원.

한글학회(1997), 우리말 큰 사전, 서울 : 어문각.

허발(1981), 낱말밭의 이론, 서울 : 고려대학교출판부.

____(1986) 옮김, 언어내용론, 서울 : 고려대출판부.

____(1993) 옮김, 모국어와 정신형성, 서울 : 문예출판사

허웅(1990), 언어학, - 그 대상과 방법 -, 서울 : 샘문화사.

福本喜之助, 寺川央編譯(1975), 現代ドイツ意味理論の原流, 東京 : 大修館書
店.

福田達夫譯(1994), 母語の言語學, 東京 : 三元社.

言語 と言語學(1999), 近藤達夫 譯, 東京 : 岩波書店.

L.Weisgerber(1962), Grundzuege der inhaltbezogenen, Grammatik, Dusseldorf.

Wilhelm luther(1954), Weltansicht und Geistesleben, Gottinge n・Vandenhoe&

Rupreeht

W.v.Humboldt(1979), Werke, Band3. SchriftenSprachphilosophie, Cott'asche Buchhandung, Stuttgart.

(한성대 강사)

A Study on the wordfield-theory of the nouns expressing <말> (language) in morden Korean language(4).

- especially on the⟨품격(grace)⟩ -

This study aims at showing how to characterized as the terms of <language>, focusing on the <grace> of the <language>. This is to try to find out the way of reflection of Koreans concerning the objective world of <language> and clarify wordfield theory of <language> names.

The characteristic points that have derived from this study's trial for clarifying the structure are summarized below.

(1) <Language> as archilexem represents the wordfield theory of <language> names.

(2) <Grace> oriented expressions characterized as <the noble and the base> and <beauty or ugliness>.

(3) <The noble and the base> characterized as <noble> and <ignoble>. <Noble> characterized as <elegance> and <refinement>. <Ignoble> characterized as <vulgar> and <coarseness>.

(4) The central expressions of <beauty or ugliness> characterized as <beauty> and <ugly>.

And the in depth studies on <way of evalution> will be done in later thesis.

〈시각행위〉명칭의 분절구조 연구(4)
- 〈방향〉을 중심으로 -

김연심

1. 머리말

이 연구는 현대 국어에 있어서 <시각행위> 명칭 가운데 <방향> 중심 분절이 어떠한 분절구조로 이루어져 있는가를 고찰해 보기 위하여 시도된다. <시각>은 생물학적으로 빛의 자극을 받아 눈으로 느끼는 것으로 풀이되고, <시각행위>는 눈이라는 감각기관을 통하여 보는 행위인데, 이 연구에서는 <시각행위> 명칭의 분절구조를 해명하기 위한 선행작업으로, 하위분절인 <방향> 명칭과 관련된 해당 어휘체계의 발견이 중심과제가 된다. 이러한 분절구조의 고찰은 상위 분절구조인 <시각행위> 명칭 분절구조의 전체적인 고찰을 위한 필수적인 전제작업이며, 나아가 상위 <감각행위> 명칭의 분절구조 해명을 위한 기본작업의 성격을 띠게 된다.[1]

---

[1] <시각행위> 움직씨의 원어휘소 [보다]는 {① 눈을 통하여 대상을 감상하다 ② 상태나 내용 등을 알기 위해 살피다 ③ 구경하다 ④ 맡아서 보살피거나 다루다 ⑤ 어떤 결과나

이 연구는 어휘분절구조 이론(Wortfeld-theory)을 이론적 배경으로 삼게 되는데, 이 이론은 훔볼트의 동적언어관과 바이스게르버의 동적언어이론에서 연유된다. 이는 우리민족의 고유어인 한국어 어휘체계의 고찰을 통하여 한국인의 객관세계에의 관조방식을 발견하고자 함이며, 나아가 모국어를 통한 민족의 정신세계를 규명해 보려는 의도를 내포한다.

기존의 정적인 언어관과는 달리 동적언어관을 제창한 훔볼트는 언어와 정신과의 밀접한 관계를 중시하여 "언어는 에르곤(Ergon;작품)이 아니고, 에네르게이아(Energeia; 활동)"이라고 주장한다. 훔볼트에 있어서 언어는 정신에 의해서 이루어지고, 그 정신활동의 소산물이 다시 언어로 표출되는 끊임없는 활동인 것이다.[2] 훔볼트의 동적언어관을 계승하여 일반언어학 이론을 체계화한 바이스게르버는 중간세계이론을 중심으로 동적언어이론을 전개한다. 전통적으로 음성형식과 사물이 직접적인 관계를 맺고 있다고 보는 것과 관련하여, 바이스게르버는 음성형식과 사물과의 직접적인 연결이 가능하지 않다는 인식에서 음성형식과 사물을 연결시켜 주는 존재로서 중간세계를 인식하게 된다. 민족마다의 정신이 주도적인 역할을 행하게 되며, 그러한 의미에서 이 중간세계는 정신적인 중간세계이다. 인간의 의식 속에 존재하는 정신적 중간세계에서는 언어공동체를 중심으로

관계를 맺기에 이르다 } 등의 의미를 갖는 낱말로 풀이되는데, <시각행위>와 관련된 낱말은 눈을 통해 이루어지는 감각적인 행위만을 다루게 되기 때문에 ④,⑤의 파생적 의미는 제외하고, ① ~ ③의 뜻을 갖는 낱말만을 다루기로 한다.
또한, 낱말을 수집한 결과, <시각행위>와 관련된 한자말에는 간(看), 견(見), 관(觀), 람(覽), 망(望), 시(視), 심(審), 앙(仰), 찰(察) 등이 발견되었는데, 여기에서도 뜻풀이에 있어서 {알아보다, --으로 여기다, 대하다 등}의 파생적 의미는 제외하고, {보다를 비롯해서 조사하다, 살펴보다, 살피다 등}의 뜻을 갖는 낱말만을 다루기로 한다

2) 石綿敏雄 高田誠(1993):『對照言語學』, 櫻楓社, 156쪽
"フンボルトの言語觀は、言語というものをできあがった作品としての <エルゴン> ではなく、內的な思考の世界を音聲として表出するための絶え間ない精神の活動すなわち <エネルゲイア>である。"

하는 모국어적 중간세계이며, 그 안에서 사물이 비로소 음성형식을 취하게 된다고 본다. 따라서 동일 언어를 모국어로 쓰는 민족의 정신은 모국어의 특징으로 발현될 수 있고, 그 언어는 다시 민족 정신에 영향을 미치는 불가분의 밀접한 관계에 놓이게 된다.

바이스게르버는 언어를, 모국어를 중심으로 언어공동체 즉, 민족의 정신을 형성하는 힘으로 파악하면서, 중간세계 이론을 바탕으로 하여 언어연구 방법을 4단계를 설정하였다. 먼저 언어 연구는 문법적인 방법의 정적인 언어연구와 언어학적 방법의 동적인 언어연구로 분류되며, 정적인 언어연구는 다시 형태(Gestalt)중심 고찰과 내용(Inhalt)중심 고찰로 나뉘고 동적인 언어연구는 다시 직능(Leistung)중심 고찰과 작용(Wirkung)중심고찰로 분류된다.[3]

동적 언어이론에서는 어휘론, 조어론, 품사론, 월구성안 등 네 가지 문법에 대한 연구가 고유의 목표가 되는데, 이 가운데 어휘를 4단계 연구과정 가운데 2단계인 내용중심 단계에서 고찰할 수 있도록 마련된 방법론이 어휘분절구조 이론(Wortfeld-theory)이다.[4]

이 분절에 관여하는 어휘 자료의 수집을 위하여 다음의 문헌들을 참조하였다.

    국립국어연구원(2001) : <표준국어대사전>, 두산동아
    민중서림(1994) : <漢韓大字典>
    신기철/신용철 편저(1980) : <새 우리말 큰 사전: 상,하> 삼성출판사
    이희승 편저(1986) : <국어 대사전>, 민중서림
    정소프트(주)(1997) : <컴퓨터용 전자사전 피시딕7.0>
    한글학회(1996) : <우리말 큰사전>, 어문각

---

3) 배해수(1998) 『한국어와 동적언어이론 - 국어 내용연구(4)』고려대학교 출판부 155쪽
4) 배해수(1998) :ibid .p23

  그 결과 다음의 관련어휘들이 수집되었는데, 이를 가나다 순으로 나열
해 보이면 다음과 같다.

고견(顧見)	고시(顧視)	대견(對見)
(맞)대면(對面)	면대(面對)	부감(俯瞰)
부관(俯觀)	사고(四顧)	상견(相見)
상고(相顧)	상망(相望)	임조(臨眺)
조감 (鳥瞰)	조림(眺臨)	좌우고면(左右顧眄)
좌고우면 (左雇右眄)	첨망(瞻望)	첨시(瞻視)
하감(下瞰)	하시(下視)	호시(虎視)
환시(環視)	회간(回看)	회견 (會見)

2. 상위의 분절구조

  <시각행위> 명칭의 분절구조에 대한 연구는 <감각행위> 명칭의 하
위분절구조로서<청각행위> 명칭, <후각행위> 명칭, <미각행위> 명칭,
<촉각행위> 명칭 등과 함께 <감각>이라는 특성을 공유하면서 서로 인
접하고 있다. <시각행위> 명칭은 누가, 무엇을, 어떻게, 어떤 마음으로,
무엇을 위하여, 어디를 보는가에 따라서 <주체>, <대상>, <방법>, <태
도>, <목적>, <방향> 등으로 하위분절되는데, 이 연구에서는 그 가운
데 <방향> 만을 다루게 된다. <방향>은 귀납적으로 발견된 바에 따르
면, <시각행위> 주체가 한 쪽을 보는<단일방향>과, 한 쪽이 아닌 <복
합방향>이 관조의 대상이 되어 있다. <단일방향>은 다시 어느 쪽을 보
는가에 따라서 <상하>와 <전후>로 분절되고, <복합방향>은 복수 주
체가 마주보는 <쌍방>과 단수 주체의 <양방>과 <사방>으로 분절되는
데, 이를 그림으로 나타내면 [그림 1]이 될 것이다.

[그림1] 상위의 분절구조

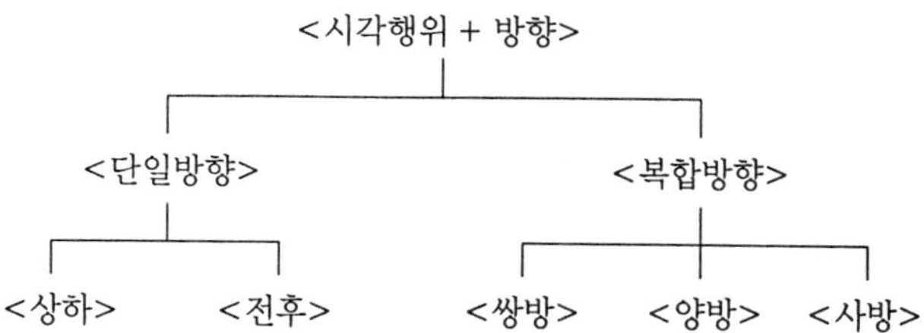

3. 〈단일방향〉과 관련된 표현

(1) 첨망(瞻望)

이 낱말은 {높직한 곳을 멀거니 바라다 봄}으로 풀이되어, <단일방향+상하+위>라는 특성을 문제삼고 있다.

(2) 하시(下視)

이 낱말은 ①{남을 얕잡아 낮춤} ②{아래를 봄}으로 풀이되는데, 이 연구와 관련되는 것은 ②의 의미로 <단일방향+상하+아래>라는 특성을 가진 낱말로 이해된다.

(3) 하감(下瞰)

이 낱말은 {위에서 내려다 봄}으로 풀이되어, <단일방향+상하+아래>라는 특성을 가진 낱말로 이해된다.[5]

(4) 조림(眺臨)

이 낱말은 {내려다 봄}으로 풀이되어, <단일방향+상하+아래>라는 특성을 문제삼고 있다.

(5) 부감(俯瞰)

이 낱말은 {높은 곳에서 아래를 내려다봄}으로 풀이되어, <단일방향+상하+아래+높음>이라는 특성을 문제삼고 있다.[6]

(6) 임조(臨眺)

이 낱말은 {높은 곳에서 아래를 내려다 봄} 으로 풀이되어, <단일방향+상하+아래>라는 특성을 문제삼고 있다.

(7) 조감(鳥瞰)

이 낱말은 ① {높은 곳에서 아래를 비스듬히 내려다 봄} ②{전체를 한눈으로 관찰}로 풀이되는데, 이 연구와 관련되는 것은 ①의 의미로 <단일방향+상하+아래+높음+비스듬함>이라는 특성을 가진 낱말로 이해된다.

---

5) 감하(瞰下) : 이 낱말은 {내려다 봄}으로 풀이되면서, (3)과 같은 특성을 문제삼고 있으나 현대에는 거의 사어화되는 것 같다.
6) 부관(俯觀), 부시(俯視) : 이 낱말은 {높은 곳에서 아래를 내려다 봄}으로 풀이되면서, (5)의 특성을 문제삼고 있으나 현대국어에 있어서 사어화되어가고 있는 것으로 추측된다.

(8) 직시(直視)

이 낱말은 ① {정신을 집중하여 똑바로 봄} ②{사물의 진실을 바로 봄} ③{병으로 눈알을 굴리지 못하고 앞만 봄}으로 풀이되는데, 이 연구와 관련되는 것은 ③의 의미로 <단일방향＋전후＋앞>이라는 특성을 가진 낱말로 이해된다.

(9) 고시(顧視)
(10) 고견(顧見)

이 낱말은 {돌아다 봄}으로 풀이되어, <단일방향＋전후＋뒤>라는 특성을 문제삼고 있다.

(11) 회간(回看)

이 낱말은 {돌이켜 봄}으로 풀이되어, <단일방향＋전후＋뒤>라는 특성을 문제삼고 있다.

지금까지 고찰한 (1)~(11)의 낱말은 <단일방향>이라는 공통적인 특성을 문제삼고 있으며, <상하>와 <전후>로 분절되는 특성을 보인다. <상하>와 관련된 (1)~(7)의 낱말은 <위>와 <아래>로 분절되며, <전후>와 관련된 (8)~(11)의 낱말은 <앞>과, <뒤>로 분절되는 특성을 보인다. 이러한 <단일방향>과 관련된 표현의 분절구조를 그림으로 나타내면, [그림 2]가 될 것이다.

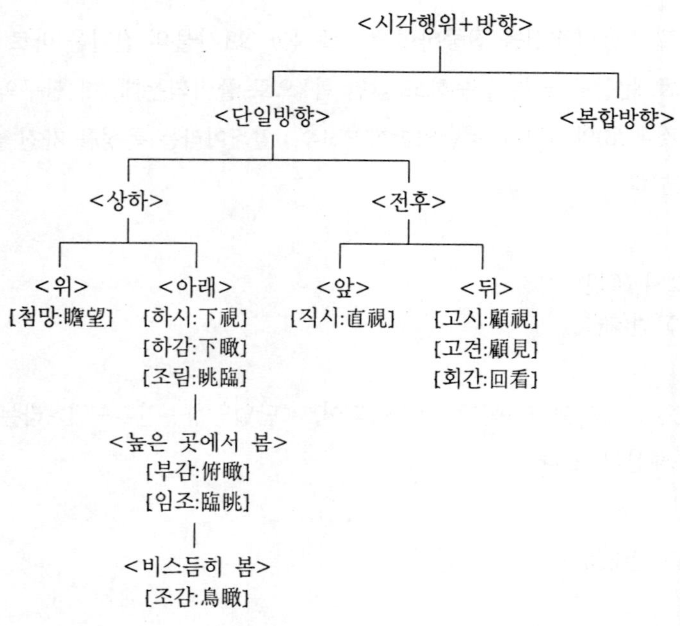

4. 〈복합방향〉과 관련된 표현

(14) 대견(對見)

이 낱말은 {서로 마주 봄}으로 풀이되어, ＜복합방향+쌍방(복수주체)+마주함＞이라는 특성을 문제삼고 있다.

(15) 상고(相顧)

이 낱말은 {서로 돌아봄}으로 풀이되어, ＜복합방향+쌍방(복수주체)+

뒤>라는 특성을 문제삼고 있다.

(16) 상망(相望)

이 낱말은{서로 바라봄}으로 풀이되어, <복합방향+쌍방(복수주체)+바라봄>이라는 특성을 문제삼고 있다.

(17) 상견(相見)

이 낱말은 {서로 만나봄}으로 풀이되어, <복합방향+쌍방(복수주체)+만남>이라는 특성을 문제삼고 있다.

(18) 회견(會見)

이 낱말은{서로 만나 대면함}으로 풀이되어, <복합방향+쌍방(복수주체)+직접 만남>이라는 특성을 문제삼고 있다.

(19) (맞)대면[(맞)對面]

이 낱말은{얼굴을 마주 대함. 직접 만남}으로 풀이되어, <복합방향+쌍방(복수주체)+얼굴>이라는 특성을 문제삼고 있다.
또, 이 낱말은 [면대:面對]로 순서를 바꾸어서 사용되기도 한다.

(20) 좌우고면(左右顧眄)

이 낱말은 {이리저리 돌아봄}으로 풀이되어, <복합방향+양방(단수주

체)+살핌>이라는 특성을 문제삼고 있다. 또, 이 낱말은 [좌고우면:左顧右
眄]으로 순서를 바꾸어서 사용되기도 한다.

  (21) 첨시(瞻視)

  이 낱말은{이리저리 둘러봄}으로 풀이되어, <복합방향+양방(단수주
체)+살펴봄>이라는 특성을 문제삼고 있다. 또, 이 낱말은 [시첨:視瞻]으
로 순서를 바꾸어서 사용되기도 한다.

  (22) 사고(四顧)

  이 낱말은 {사방을 둘러봄}으로 풀이되어, <복합방향+사방+살펴봄>
이라는 특성을 문제삼고 있다.

  (23) 환시(環視)

  이 낱말은 ① {많은 사람이 주목함} ②{사방을 두루 둘러봄} 으로 풀이
되는데, 이 연구와 관련되는 것은 풀이되는데, 이 연구와 관련되는 것은
②의 의미로 <복합방향+사방+살펴봄+빈틈없음>이라는 특성을 가진
낱말로 이해된다.

  (24) 호시(虎視)

  이 낱말은{범과 같이 날카로운 눈초리로 사방을 둘러봄}으로 풀이되어,
<복합방향+사방+살펴봄+예리함>이라는 특성을 문제삼고 있다.

　　지금까지 고찰한 (14)~(24)의 낱말은 <복합방향>이라는 공통적인 특성을 문제삼고 있으며, <쌍방>, <양방>, <사방>으로 분절되는 특성을 보인다. <쌍방>은 다시 <돌아봄>과 <바라봄>과 <만나봄>으로 분절되고, <사방>은 <빈틈없음>과 <예리함>으로 분절되는 특성을 보인다. 이와 관련된 표현의 분절구조를 그림으로 나타내면, [그림 3]이 될 것이다.

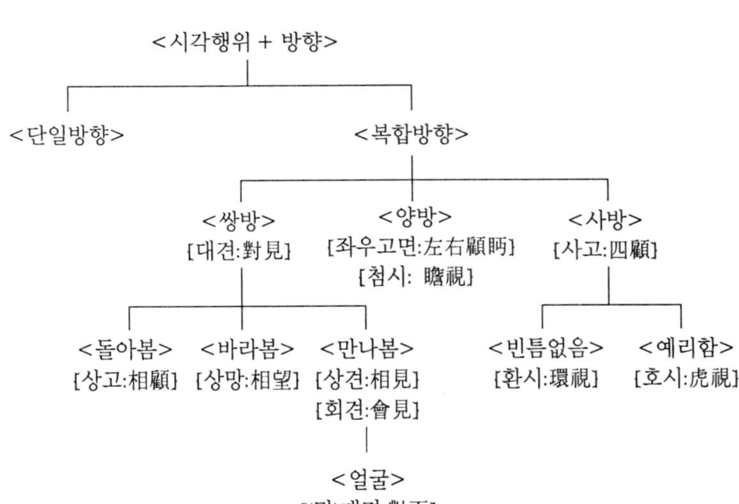

[그림3] 〈복합방향〉과 관련된 표현의 분절구조

5. 맺음말

　　이 연구는 현대국어에 있어서 <시각행위> 명칭의 하위분절인 <방향> 중심 분절구조를 해명하기 위하여 시도된 것이다. <시각행위+방향>은 <어디를 봄>이라는 특성을 가진 분절로, 귀납적으로 발견된 특징들을 요약함으로써 결론을 삼고자 한다.

(1) <시각행위+방향> 명칭과 관련된 낱말은 <단일방향>과 <복합방향>으로 분절되는 특성을 보인다.

(2) <단일방향>은 어느 쪽을 보는가에 따라서 <상하>와 <전후>로 분절되고, <상하>는 <위>와 <아래>로, <전후>는 <앞>과 <뒤>로 다시 분절되는 특성을 보인다.

(3) <복합방향>은 복수 주체가 마주보는 <쌍방>과 단수 주체가 보는 <양방>과 <사방>으로 분절되는데, <쌍방>은 다시 <돌아봄>과 <바라봄>과 <만나봄>으로 분절되고, <사방>은 <빈틈없음>과 <예리함>으로 분절되는 특성을 보인다.

참고문헌

국립국어연구원(2001) : <표준국어대사전>, 두산동아.

김광해(1990) : <반대말사전>, 국학자료원.

김방한(1993) : <언어학사>, 형설출판사.

김연심(2001) : <시각행위>명칭의 분절구조 연구(1), 고려대학교 한국학 연구소.

______(2002) : <시각행위>명칭의 분절구조 연구(2), 국학자료원.

배해수(1990) : <국어내용연구>, 고려대학교 민족문화연구소.

______(1992) : <국어내용연구 (2)>, 국학자료원.

______(1994) : <국어내용연구 (3) - 친척명칭에 대한 분절구조 - >, 국학자료원.

______(1998) : <한국어와 동적언어이론> 고려대학교 출판부.

______(1998) : <한국어와 동적언어이론 - 국어내용연구 4 - >, 고려대학교 출판부.

______(1998) : "동적언어이론의 도입과 한국어연구", <한국어 내용론> 제5호(모국어와 에네르게이아), 한국어 내용학회.

______(2000) : <국어내용연구 (5)>, 국학자료원.

신기철/신용철 편저 (1980) : <새 우리말 큰 사전 : 상, 하>, 삼성출판사.

안정오(1995) : "낱말밭과 언어습득의 상관성", <한국어 내용론> 제3호, 한국어 내용학회.

이성준(1993) : <언어내용이론>, 국학자료원.

______(1996) : <빌헬름 폰 훔볼트의 언어관과 언어내용 연구>, <인문대 논집> 제14집, 고려대학교 인문대학.

______(1999) : 훔볼트의 언어철학, 고려대학교 출판부.

이희승 편저(1986) : <국어대사전>, 민중서림.

임환재 (1984) : <언어학사>, 경문사.

장기문 (2000) : "현대 국어 <여자>명칭의 분절구조 연구" 고려대학교 박사
학위논문.

정소프트(주)(1997) : <컴퓨터용 전자사전 피시딕7.0>

정시호(1994) : <어휘장이론 연구>, 경북대출판부.

천시권·김종택(1973) : <국어의미론>, 형설출판사.

한글학회 (1992) : <우리말 큰 사전>, 어문각.

한글학회 (1995) : <국어학 사전>, 어문각.

Wilhelm Luther (1954) : Weltansight und Gesitesleben, Göttingen · Vandenhoeck
& Ruprecht.

Leo Weisgeber著 福田幸夫譯(1994) : <母語の 言語學>, 三元社.

石綿敏雄 高田 誠 著(1993) : <對照言語學>, 櫻楓社.

福本喜之助 寺川 央 編譯(1975) : <現代意味理論 源流>, 大修館書店.

<숙명여대강사>

A study on the word-field of the nouns expressing <시각> (seeing act) in modern Korean language (Ⅳ)
- especially on the 〈방향(direction)〉 -

Kim Yeun Sim

The main expression of a study on the word-field of the nouns <시각 (seeing act)> is the substructure which is characterized as <방향(direction)>.

From those above investigations, the word-field of the nouns expressing <시각> can be summurized as below.

(1) At first, the word-field of the nouns expressing <방향(direction)> is characterized as <simple direction> and

<compound direction>.

(2) <simple direction> is characterized as <up and down> and <front and rear>.

(3) <compound direction> is characterized as <both side>,

<two directions> and <everywhere> .

〈언덕〉 명칭에 대한 고찰(3)

- 〈모양〉을 중심으로 -

배성훈

1. 머리말

훔볼트(W. v. Humboldt)에 의하면, 개개의 모국어는 제각기 일정한 세계관((Weltanschauung)을 지닌다. 그렇기 때문에 우리가 새로운 언어를 배운다는 것은 그 언어가 지니는 세계관을 획득하는 것과 동일시될 수 있다. 그에 의하면, "언어가 상이하다"는 말의 의미는 사물을 표시하는 기호가 서로 다르다는 뜻이 아니라 사물을 바라보는 민족의 관점, 즉 언어의 세계관이 다르다는 뜻이다.[1] 따라서 언어의 차이는 소리와 기호의 차이가 아니라, 언어가 인간 정신의 발로이기 때문에 세계관 그 자체의 차이인 것이다.[2]

우리는 세계 속에 존재하는 사물들 및 일어나는 사건들에 직접적으로 접근할 수는 없으며, 단지 언어 속에 생생하게 자리잡고 있는 중간세계를

---

[1] 이성준(1999): <훔볼트의 언어철학>, 고려대학교 출판부, 128쪽 참조.
[2] 배해수(1998): <한국어와 동적언어이론 - 국어내용연구(4) - >, 고려대학교 출판부, 134쪽 참조.

거쳐 간접적으로만 접근할 수 있다.[3] 훔볼트는 각각의 개별 현상들을 파악할 수 있기 위해서는 이러한 중간영역이 세계의 규모와 일치해야 한다고 보았으며, 우선적으로 이 영역이 우리로 하여금 다양하게 얽혀있는 세계의 맥락들을 개관하고 그 속에서 올바른 길을 찾을 수 있도록 해준다고 보았다. 그렇기 때문에 이러한 중간영역을 그는 '세계관'이라 명명했던 것이다.[4]

언어는 상호간에 이해를 하기 위한 단순한 교환의 수단이 아니라, 인간이 그 힘의 내적인 활동에 의해서 자신과 외계의 대상과의 중간에 놓지 않으면 안될 참다운 세계라고 인식한 훔볼트의 이러한 중간세계에 대한 전망은 바이스게르버(L. Weisgerber: 1899-1985)에 의해서 중간세계 이론으로 구체화된다.[5]

이러한 중간세계에서 주도적인 역할을 하는 민족의 정신은 객관세계를 관조하는 방식, 즉 관점이라는 형식으로 방사되는데, 이것이 곧 세계관인 것이다.[6] 또한 민족, 즉 언어공동체의 정신은 모국어적으로 형성되며, 모국어는 또한 민족의 정신이 창출하는 작품이다.[7] 따라서 정신적인 중간세계는 곧 언어적인 중간세계가 되는 것이며, 또 모국어적인 중간세계가 되는 것이다.[8] 그러므로 언어의 연구는 언어 내용의 연구이며, 그 내용 속에 명백하게 드러나는 세계관의 연구인 것이다.[9]

바이스게르버는 이 중간세계 이론을 모체로 하여 언어연구의 4단계를 설정하였는데,[10] 이 연구는 바이스게르버의 언어연구 4단계 중에서 내용

---

3) 이성준(1999): op cit. 132쪽 참조.
4) ibid. 132쪽 참조.
5) 배해수(1998): op cit. 135쪽 참조.
6) ibid. 150쪽 참조.
7) ibid. 151쪽 참조.
8) ibid. 154쪽 참조.
9) ibid. 134쪽 참조.

중심의 단계에서 어휘를 연구하도록 마련된 방법론인 어휘분절구조이론 (Wortfeld-theorie)[11]을 토대로 하여 현대 국어의 <언덕> 명칭을 <모양> 이라는 관점을 중심으로 규명하기 위하여 시도된다. 곧, 이 연구는, <언덕 의 모양>이라는 객관세계에 대해서 우리 민족이 무엇을 관조의 대상으로 삼고 있으며, 또 그것을 어떠한 방식으로 관조하고 있는 가를 해명하고, 부차적으로는 그러한 관조방식의 산물이라 할 수 있는 해당 분절의 어휘 체계를 발견하려는 것을 목표를 삼고 있다.

2. 원어휘소와 기본구조

[언덕]이라는 낱말은 <땅+높이 - 높음+비탈짐>이라는 특성을 지니는 것으로 귀납된 바 있는데[12], 이 낱말은 토박이말 [언덕]과 한자말 [구부(丘阜)], [강부(岡阜)], [구강(丘岡)], [구릉(丘陵)], [능구(陵丘)], [구롱(丘壟)], [구분(丘墳)] 등을 원어휘소(Archilexem)로 하고 있다. 또한 이러한 낱말들 을 원어휘소로 하는 <언덕> 명칭은 먼저 <형상>, <구성>, <용도>, <시공>이라는 특징들을 문제삼으면서 하위분절 되는 양상을 보이는 것 으로 귀납된 바 있다.

<형상>의 분절은 다시 <형태>와 <상태>를 문제삼으면서 하위분절 되는 양상을 보이고 있으며, <형태>의 분절은 그 아래 다시 <크기>와 <모양>을 문제삼으면서 분절되는 양상을 보이고 있는데, 이러한 기본구 조를 도식화하면 [그림 1]이 될 것이다.

---

10) ibid. 135쪽 참조.
11) ibid. 163쪽 참조.
12) 배성훈(2000): "<언덕> 명칭에 대한 고찰" 참조, <한국어 내용론 7(한국어와 모국어 정신)>, 한국어내용학회.

[그림 1] 〈언덕〉명칭분절의 기본구조

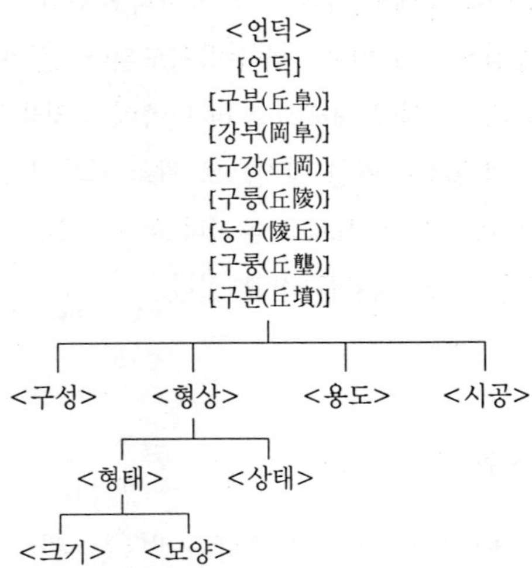

3. 〈모양〉에 따른 분절구조

〈모양〉의 분절에서는 〈깎아지른 듯함〉이라는 특성이 문제시되고 있는데, 이러한 분절상을 도식화한 것이 [그림 2]이다.

[그림 2] 〈모양〉의 분절구조(1)

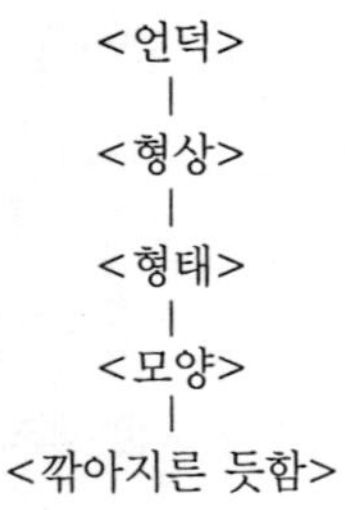

(1)낭떠러지

이 낱말은 {깎아지른 듯한 언덕}으로 풀이되면서, <모양 + 깎아지른 듯함>이라는 특성을 가진 낱말로 이해된다.

(2)낭

이 낱말은 (1)과 같은 특성을 갖는 낱말인데, 이것은 현대국어에서 점점 사어화 되어가고 있는 낱말로 보여진다.

(3)단안(斷岸)
이 낱말도 (1)과 같은 특성을 갖는 낱말인데, 한자말 [안(岸)]은 언덕으로 풀이되므로 이 낱말은 토박이말 [낭떠러지]에 대응되는 한자말로 보여진다.

(4)단석(斷石)

이 낱말 역시 (1)과 같은 특성을 갖는 낱말인데, 이 낱말은 낭떠러지가 <돌>로 이루어져 있음을 강조하는 것으로 보인다.

(5)단애(斷崖)

이 낱말도 (1)과 같은 특성을 갖는데, 한자말 [애(崖)]는 벼랑을 의미함으로 이 낱말에는 험하고 가파르다는 의미가 강조되어 있는 것으로 보여진다.

(6)절애(絶崖)

이 낱말 또한 (1)과 같은 특성을 갖으면서 (5)의 낱말과 비슷한 의미로 쓰이는데, [천인단애(千仞斷崖)]와 [만장절애(萬丈絶崖)]와 같은 낱말들을 고려해 볼 때 위의 낱말은 (5)의 낱말보다 높이가 더 높다는 의미가 강조되어 있는 것으로 추측된다.

(7)현애(懸崖)

이 낱말도 (1)과 같은 특성을 갖는데, 한자말 [현(懸)]은 매달린다는 의미이므로 이 낱말은 높이가 그리 높지 않다는 의미가 포함되어져 있는 것으로 보여진다.

(8)초애(峭崖)

이 낱말 역시 (1)과 같은 특성을 갖는 낱말인데, 한자말 [초(峭)]는 가파르다는 의미임으로 이 낱말에서는 언덕이 가파르다는 의미가 강조되어 있는 것으로 보여진다.

(9)초벽(峭壁)

이 낱말 또한 (1)과 같은 특성을 갖는데, (8)의 낱말과 비교해 볼 때 언덕이 가파르다는 의미가 더욱 강조되어 있는 것으로 추측된다.

(10)절벽(絶壁)

이 낱말도 (1)과 같은 특성을 갖는데, (6)의 낱말과 거의 같은 의미로 쓰이나 사용 빈도 면에서 볼 때 (6)의 낱말보다 더 많이 쓰이는 것으로 보여진다.

(11)안벽(岸壁)

이 낱말 또한 (1)과 같은 특성을 갖는 낱말로 (10)의 낱말과 같은 의미로 쓰이고 있는데, 한자말 [안(岸)]이 언덕을 뜻하므로 이 낱말은 (10)보다 언덕의 의미가 좀 더 강조되어 있는 것으로 추측된다.

(12)고안(高岸)

이 낱말은 {깎아지른 듯이 높은 낭떠러지}로 풀이되어, <모양+깎아지른 듯함+크기+높이 - 높음>이라는 특성을 지닌 낱말로 이해되며, <크기>의 분절에도 관여하는 특징을 보인다.

(13)천인단애(千仞斷崖)

이 낱말은 {천 길이나 되는 높은 낭떠러지}로 풀이되어 (12)와 같은 특성을 갖는 낱말로 이해될 수 있는데, (12)의 낱말보다는 높이가 더 높다는 의미가 강조되어 있는 낱말로 보여진다.

(14)만장절애(萬丈絶崖)

이 낱말도 {매우 높은 낭떠러지}로 풀이되면서, (12)와 같은 특성을 갖는 낱말로 이해되는데, 이 낱말은 (13)의 낱말보다도 높이가 더 높다는 의미가 강조되어 있는 것으로 보여진다.

(15)돌비알

이 낱말은 {깎아지른 듯한 돌의 언덕}으로 풀이되어, <모양+깎아지른
듯함+구성 - 구성요소+돌>이라는 특성을 지닌 낱말로 이해되는데, 이
낱말은 <구성>의 분절에도 관여하는 특징을 보인다.

[그림3] 〈모양〉에 따른 분절구조

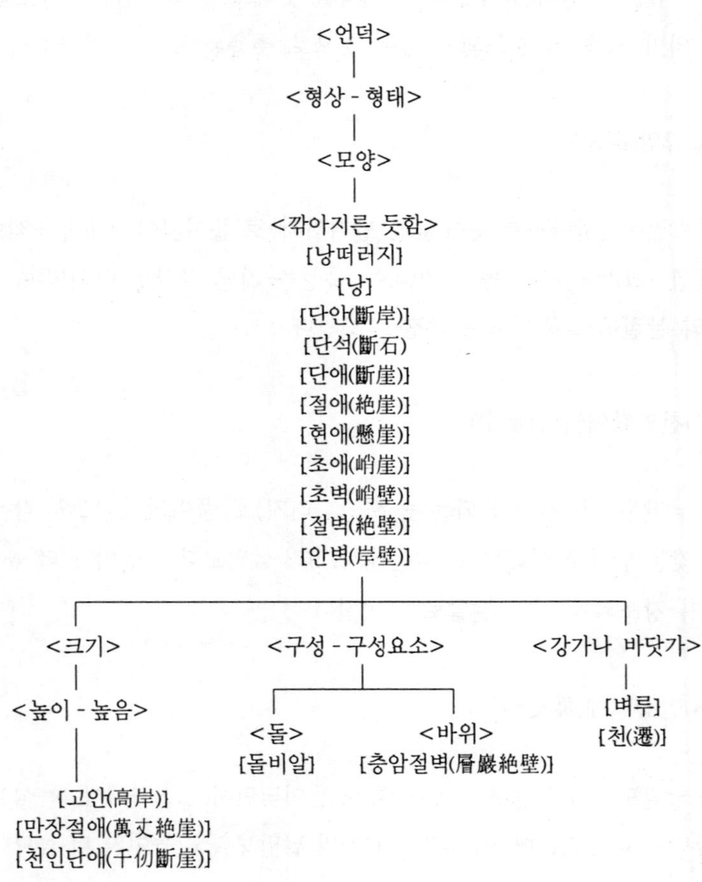

(16)층암절벽(層巖絶壁)

이 낱말은 {여러 층의 험한 바위로 된 낭떠러지}로 풀이되어, <모양+
깎아지른 듯함+구성 - 구성요소+바위>라는 특성을 지닌 낱말로 이해되
며, <구성>의 분절에도 관여하는 특징을 보인다.

(17)벼루

이 낱말은 {강가나 바닷가의 낭떠러지}로 풀이되어, <모양+깎아지른
듯함+장소+강가나 바닷가>라는 특성을 지닌 낱말로 이해되며, <장소>
의 분절에도 관여하는 특징을 보인다.

(18)천(遷)

이 낱말은 (17)과 같은 특성을 갖는데, (17)에 대응되는 한자말로 보여
진다.
지금까지 논의한 것을 토대로 <모양>에 따른 분절상을 도식화하면 [그
림 3]처럼 될 것이다.

4. 마무리

<땅+높이 - 높음+비탈짐>이라는 특성을 지닌<언덕> 명칭은 토박이
말 [언덕]과 한자말 [구부(丘阜)], [강부(岡阜)], [구강(丘岡)], [구릉(丘陵)],
[능구(陵丘)], [구롱(丘壟)], [구분(丘墳)] 등을 원어휘소(Archilexem)로 하는
분절이다. 이러한 <언덕> 명칭의 하위분절인 <모양>의 분절에는 총 18

개의 어휘들이 관여하고 있는데, 지금까지의 논의에서 발견된 특징들을
간략히 정리해 보면 다음과 같다.

(1)<땅> 명칭의 하위분절인 <언덕> 명칭은 먼저 <형상>, <구성>,
<용도>, <시공>으로 하위분절 되는 것으로 귀납된 바 있는데, <형상>
의 하위분절인 <형태>의 분절은 다시 <크기>와 <모양>을 문제삼으면
서 하위분절 되고 있다.

(2)여기서 논의된 <모양>의 분절에서는 <깎아지른 듯함>이라는 특성
을 문제삼고 있는 낱말들이 발견되었다.

(3)또한 <모양>의 분절에 관여하는 낱말들 중에서는 <크기>나 <구
성>, 그리고 <장소>의 분절에 관여하는 낱말들도 각각 발견되었다.

이상의 고찰뿐 아니라 <언덕> 명칭의 다른 하위분절들에 대한 고찰도
잇따라야 할 것이지만 이에 대한 고찰은 후고로 미루기로 한다.

참고문헌

김영희(1998) : "<Angst>에 대한 낱말밭 연구 - 독일어와 한국어의 형용사를 중심으로 - ", <한국어 내용론> 제5호(모국어와 에네르게이아), 한국어내용학회.

박병선(1999) : " <방> 명칭에 대한 고찰", <한국어 내용론> 제6호(한국어와 세계관), 한국어 내용학회.

배성우(2000) : "<궤도차> 명칭에 대한 고찰", <한국어 내용론 7(한국어와 모국어 정신)>, 한국어내용학회.

______(2000) : "<수레> 명칭에 대한 고찰", <21세기 국어학의 과제>, 월인.

배성훈(1999) : " <산> 명칭에 대한 고찰 - <위치>를 중심으로 - ", <우리어문 연구> 13집(한국어의 내용적 고찰), 우리어문학회.

______(2000) : "<언덕> 명칭에 대한 고찰", <한국어 내용론 7(한국어와 모국어 정신)>, 한국어내용학회.

배해수(1992) : <국어 내용 연구 (2)>, 국학자료원.

______(1994) : <국어 내용 연구 (3) - <친척> 명칭에 대한 분절구조 - >, 국학자료원.

______(1997) : <국어 내용 연구(1) - 수정판 - >, 고려대학교 민족문화연구소.

______(1998) : <한국어와 동적언어이론 - 국어내용연구 4 - >, 고려대학교출판부.

______(2000) : <국어내용연구(5) - 그 방안과 실제 - >, 국학자료원.

변정민(2000) : "<길> 명칭의 분절구조 연구", <한국어 내용론 7(한국어와 모국어 정신)>, 한국어내용학회.

손남익(2000) : "국어의 식사 명칭에 대한 연구", <한국어 내용론 7(한국어와 모국어 정신)>, 한국어내용학회.

송민규(1999) : " <다리> 명칭에 대한 연구", <한국어 내용론> 제6호(한국어와 세계관>, 한국어 내용학회.

신기철/신용철 편저(1980) : <새 우리말 큰 사전: 상. 하>, 삼성출판사.

안정오(2000) : "내용중심문법의 생성, 발전 그리고 전망", <한국어 내용론 7
　　　　　(한국어와 모국어 정신)>, 한국어내용학회.

______(2000) : "헤르더의 언어관과 언어교육" <한국학 연구 13>, 고려대학
　　　　　교 한국학연구소.

오미정(2000) : "<창> 명칭의 어휘분절구조 연구", <한국어 내용론 7(한국어
　　　　　와 모국어 정신)>, 한국어내용학회.

이성준(1999) : 홈볼트의 언어철학, 고려대학교 출판부.

______(2000) : "홈볼트의 언어관에 나타나는 형식과 소재의 문제", <한국어
　　　　　내용론 7(한국어와 모국어 정신)>, 한국어내용학회.

이희승 편저(1986) : <국어 대사전>, 민중서림.

장기문(2000) : "현대국어 <여자> 명칭의 분절구조 연구", 고려대 대학원(박
　　　　　사학위 논문).

장은하(2000) : "현대국어의 <가슴> 명칭의 분절구조 연구", <한국어 내용
　　　　　론 7(한국어와 모국어 정신)>, 한국어내용학회.

정소프트(주)(1997) : <컴퓨터용 전자사전 피시딕 7. 0>.

정주리(2000) : "동사의 틀(frame) 의미 요소 연구", <한국어 내용론 7(한국어
　　　　　와 모국어 정신)>, 한국어내용학회.

정태경(2000) : "<밥> 명칭의 분절구조", <한국어 내용론 7(한국어와 모국어
　　　　　정신)>, 한국어내용학회.

조재수/유재원/안정애(2000) : <바른글 한국어 전자사전>, 한글토피아.

하길종(2000) : "<풀> 명칭의 분절구조", <한국어 내용론 7(한국어와 모국
　　　　　어 정신)>, 한국어내용학회.

한글과컴퓨터(1995) : <윈도우즈용 흔글 우리말 큰사전 1.0>.

한글학회(1992) : <우리말 큰사전>, 어문각.

______(1995) : <국어학 사전>.

W. L. Chafe(1973) : Meaning and Structure of Language, The University of

Chicago Press.

H. Gipper(1974) : "Inhaltbezogene Grammatik" Grundzuege der Litera-tur und
Sprachwissenschaft, Band 2. Deutsche Taschenbuch Verlag.

G. Helbig(1974) : Geschichte der neueren Sprachwissenschaft, Rowohlt
Taschenbuch Verlag, Leipzig/Muenchen.

G. Nickel(1985) : Einfuehrung in die Linguistik‐Entwicklung, Problme,
Methoden‐, Erich Schmidt Verlag, Berlin.

E. A. Nida(1975) : Componential Analysis of Meaning, Mouton Publishers, The
Hague.

C. K. Ogden/I. E. Richards(1946) : The Meaning of Meaning, Harcourt Brace
Jovanovich Book, New York/London.

M. Ivić(1970) : Trends in Linguistics, Mouton/Co. N. V., Publishers, The Hague.

C. J. Fillmore(1969) : "Toward a Modern Theory of Case", Modern Studies in
English(Readings in Transformational Grammar), Prentice‐Hall,
Inc., Englewood Cliffs, New Jersey.

J. Lyons(1979) : Semantics 1. 2. Cambridge University Press, Cambride.

F. d. Saussure(1972) : Cours de Linguistique Générale, Payot, Paris.

J. Trier(1934) : "Deutsche Bedeutungsforschung", Wege der Forschung (1973),
Wissenschaftliche Buchgesellschaft, Darmstadt.

S. Ullmann(1967) : Semantics‐An Introduction to The Science Of Meaning‐,
Oxford, Basil Blackwell.

N. Chomsky(1965) : Aspects Of Theory Of Syntax, The M. I. T. Press,
Cambridge, Massachusetts.

L. Weisgerber(1929) : Muttersprache und Geistesbildung, Goettingen.

___________(1962) : Grundzuege der inhaltbezogenen Grammatik, Duesseldorf.

___________(1963) : Die Vier Stufen in der Erforschung der Sprachen,
Paedagogischer Verlag, Duesseldorf.

___________(1964) : Das Menschheitsgesetz der Sprache, Quelle/Meyer Verlag,

Heidelberg.

__________(1965) : "Die Lehre von der Sprachgemeinschaft", Frankfurter Hefte
    Zeitschrift fuer Kultur und Politik, Duesseldorf.

__________(1971) : Die Geistige Seite Der Sprache und ihre Erforschung,
    Paedagogischer Verlag, Schwann, Duesseldorf.

W. v. Humboldt(1979): Werke Band 3. Schriften zur Sprachphilosophi, Cott'asche
    Buchhandlung, Stuttgart.

(고려대학교 대학원)

A study on the word-field of the nouns expressing <언덕>(hill) in modern korean language-especially focusing on <모양>(shape)

Bae, Sung-Houn

In this study I made an attempt to find out the word-field of the nouns expressing <언덕>(hill) in modern korean language, especially focusing on <모양>(shape). I found out that the nouns in this field are expressing the shape focused on <깎아지른 듯함>(steep).

〈죽(粥)〉 명칭의 분절구조 연구

정태경

1. 머리말

이 연구는 현대국어에 있어서 <죽(粥)> 명칭이 어떠한 모습으로 분절되어 있는가를 해명해보기 위해 시도된다. <죽(粥)> 명칭에 대한 연구는 이 명칭 분절을 포함하는 상위의 <음식물> 명칭 전체의 분절구조를 해명하는 전제 작업의 성격을 가진다. 그리고 이 <죽(粥)> 명칭은 <밥> 명칭과 인접해 있다. 따라서 <죽(粥)> 명칭 분절에 대한 연구는 <밥> 명칭 분절에 대한 연구와 밀접한 관계가 있다. 분절구조 연구는 어휘분절구조 이론(Wortfeld-theorie)을 이론적 배경으로 삼게 되는데, 이 이론은 홈볼트(W.von.Humboldt)의 언어사상에 기초하여 바이스게르버(L.Weisgerber)가 창안한 언어연구의 한 방법론이다.

언어의 정신적인 측면을 강조한 헤르더(J.G.Herder)는 언어를 정신적인 속성의 것으로 인식했으며, 홈볼트는 언어 전반에 관해 언어학 이론의 성립을 가능하도록 함으로써 동적언어관을 체계화했다. 홈볼트의 동적인 언

"

어철학은 바이스게르버에 의해 일반언어학의 창시로 승화된다. 훔볼트는 인도유럽어(Indo-European Language)의 언어 구조적 특질과는 근본적으로 다른 인도네시아 자바섬의 카비말(Kawi-Sprache)을 최초로 연구함으로써 언어의 본질과 인간 생활에 있어서의 언어의 역할에 관해서 전혀 새로운 관점으로 접근하게 되었다. 이러한 훔볼트의 언어관의 핵심은 언어의 동적인 현상(Energeia), 내적언어형식과 외적언어형식의 결합, 언어를 통한 민족의 세계관 반영, 중간세계에 대한 전망, 언어의 분절성 등으로 요약될[1] 수 있으며, 바이스게르버에 의해 한층 더 발전하게 된다. 바이스게르버의 언어이론은 훔볼트의 '언어는 에르곤(Ergon:작품)이 아니라 에네르게이아(Energeia:활동)이다'[2]라는 언어의 동적인 측면을 수용하면서, 중간세계이론과 언어 연구의 4단계 이론을 체계화한다.

중간세계에서 주도적인 역할을 하는 민족의 정신은 객관세계(외계)를 관조하는 방식인 세계관이며, 이러한 세계관은 정신적인 여러 가지 형성과 변형의 과정을 겪은 후 인간의 의식 속에서 하나의 존재위치를 획득하게 된다. 여기에 개입되는 것이 바로 정신적 중간세계이다. 이 중간세계는 외계와는 전혀 다른 별개의 세계로서, 외계와 관계를 맺으면서 인간의 정신과 함께 언어적으로 형성된다. 이렇게 창조되는 언어가 바로 언어공동체를 기반으로 하는 모국어인 것이다. 이러한 모국어를 사용하는 집단을 민족이라고 하고, 민족을 형식적으로 말할 때 언어공동체라고 한다. 즉 언어공동체의 정신은 모국어적으로 형성되며, 모국어는 민족의 정신이 창출하는 작품이 된다. 따라서 정신적인 중간세계는 곧 언어적인 중간세계이며, 모국어적인 중간세계가 되는 것이다[3].

---

1) 배해수(1998) : 「한국어와 동적언어이론」, 142쪽 참조.
2) 허발(1979) : 「낱말밭의 이론」, 고려대학교 출판부, 11쪽 참조.
3) 배해수(1998) : op cit. 148-154쪽 참조.

바이스게르버는 이러한 중간세계 이론을 바탕으로 언어라는 현상을 효과적으로 연구하기 위해서 언어연구를 형태(Gestalt) 중심의 고찰, 내용(Inhalt) 중심의 고찰, 직능(Leistung) 중심의 고찰, 작용(Wirkung) 중심의 고찰의 4단계로 구분했다[4]. 이 4단계는 일차적으로 정적인 에르곤으로서의 언어가 고찰의 대상이 되는 문법적인 방법과 동적인 에네르게이아로서의 언어가 고찰의 중심이 되는 언어학적인 방법으로 나뉜다. 문법적인 방법에는 첫 번째 형태중심의 고찰 방법과 두 번째 내용중심의 고찰 방법이 포함되며, 언어학적인 방법은 세 번째 직능중심의 고찰 방법과 네 번째 작용중심의 고찰 방법을 포함하게 된다.

형태중심의 고찰에서는 기능(Funktion)과 의미(Bedeutung)가 주된 개념이 되고, 내용중심의 고찰에서는 내용(Inhalt)이 중심 개념이 된다. 직능중심의 고찰에서는 포착(Zugriff)과 세계의 언어화(das Worten der Welt)가 주된 개념이 되며, 작용중심의 고찰에서는 타당성(Geltung)의 개념이 중심에 위치한다[5]. 결국, 이 4단계는 각각이 독립적으로 존재하는 것이 아니라 지속적으로 순환되는 특징을 가지고 하나의 전체를 형성하게 되며, 언어연구에 있어서 이들 사이의 상보적인 연계가 항상 전제되어야 한다[6].

동적언어이론은 어휘론, 조어론, 품사론, 월구성안의 네 가지 부문의 문법에 대한 연구를 고유의 목표로 삼는다. 어휘의 경우, 형태중심의 고찰, 내용중심의 고찰, 직능중심의 고찰, 작용중심의 고찰 등 네 차원에서의 연구 방법론이 가능하며, 둘 이상의 단계를 연계시키는 연구 방법론도 기대할 수 있는데, 어휘를 내용중심 단계의 차원에서 고찰할 수 있도록 마련된 방법론이 어휘의 분절구조이론(Wortfeld-Theorie)[7]이다.

---

4) 배해수(1998) : op cit, 155쪽 참조.
5) 배해수(2000) : 「국어내용연구(5) - 그 방안과 실제 - 」, 15-16쪽 참조.
6) 배해수(2000) : op cit. 17-22쪽 참조.
7) 배해수(1998) : op cit. 162-163쪽 참조.

2. 원어휘소와 상위 기본구조

어휘분절구조의 해명은 민족이 객관세계를 관조하는 방식, 곧 세계관의 발견이라는 의의를 가지게 된다. 이러한 분절구조의 해명을 위해서는 해당 분절구조에 소속되어 있는 어휘들을 남김없이 수집하는 작업이 선행되어야 하는데, 이러한 작업은 주로 사전류에 의지하게 된다. 어휘 자료를 수집하기 위하여 참조한 사전류는 다음과 같다.

신기철/신용철 편저(1980) : 「새 우리말 큰 사전 : 상·하」, 삼성출판사.
이희승 편저(1986) : 「국어대사전」, 민중서림.
한글학회(1995) : 「우리말 큰사전」, 어문각.
민중서림(1999) : 「漢韓大字典」, 민중서림.
정소프트(주)(1997) : 「컴퓨터용 전자사전 피시딕 7.0」
한글과 컴퓨터(1995) : 「윈도우즈용 흔글 우리말 큰사전 1.0」

위의 사전류를 중심으로 가려 뽑은 <죽(粥)> 명칭의 어휘들을 가나다 순서로 나열하면 다음과 같다.

강죽(糠粥)	오뉘죽(- 粥)
강피죽(- 粥)	원미(元味)
개암죽(- 粥)	잣죽(- 粥)
겨죽(- 粥)	장국죽(- 粥)
깨죽(- 粥)	재강죽(- 粥)
꿀꿀이죽(- 粥)	전복죽(- 粥)
녹두죽(綠豆粥)	죽(粥)
단팥죽(- 粥)	죽물(粥 -)
닭죽(- 粥)	진잎죽(- 粥)
더운죽(- 粥)	차조기죽(- 粥)

두죽(豆粥)   참깨죽(- 粥)
묵물죽(- 粥)   콩나물죽(- 粥)
밤암죽(- 粥)   콩죽(- 粥)
밤죽(- 粥)   팥죽(- 粥)
보리죽(- 粥)   피죽(- 粥)
섭죽(- 粥)   호박죽(- 粥)
식은죽(- 粥)   흰죽(- 粥)
암죽(- 粥)

(1) 죽(粥)

이 낱말은 {곡식을 물에 묽게 풀어 익혀 먹는 음식}으로 풀이되며, <음식물+주된재료+곡식+농도+묽다+조리법+풀어서 익혀 먹다>의 특성을 문제삼으면서, 이 분절의 특성 자체와 일치하는 어휘적 실현으로 이 분절구조 안에서 원어휘소(Archilexem)의 자리에 위치한다.

<죽(粥)> 명칭에 대한 연구와 밀접한 연관성을 갖는 <미음(米飲)>, <응이>, <범벅>이 있는데, <미음(米飲)>은 {쌀 등을 끓여 체에 거른 음식}으로 풀이되며, <응이>는 {녹말에 물을 넣어 쑤는 죽 종류의 하나}로 풀이되고, <범벅>은 {곡식가루에 호박 따위를 섞어서 풀처럼 되게 쑨 음식}으로 풀이된다. 일반적으로 <죽(粥)> 보다는 <미음(米飲)>이, <미음(米飲)> 보다는 <응이>가 더 묽은 것으로 이해될 수 있으며, <죽(粥)> 보다 되게 쑨 음식이 <범벅>으로 이해될 수 있다.

[죽(粥)]을 원어휘소로 하는 <죽(粥)> 명칭의 분절구조는 일차적으로 <주된재료>와 <상태>가 관조의 대상이 되고 있음이 발견되었으며, 이러한 상위 기본구조를 전제로 하여 전체의 구조를 해명하고자 한다.

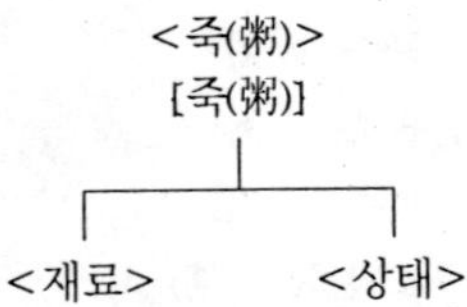

[그림 1] 〈죽(粥)〉명칭의 상위분절구조

3. 〈재료〉에 의한 분절구조

죽이나 밥, 떡 등의 음식물은 일반적으로 <곡식>을 재료로 사용하는데, 여기서는 <곡류>, <비곡류>를 <재료>로 사용한 어휘를 연구대상으로 삼았다.

<재료>와 관련된 표현은 <동물성>, <식물성>이 관조의 대상이다. <동물성>분절은 <어패류>, <육류>가 관조의 대상이며, <식물성>분절은 <곡류>, <비곡류>가 관조의 대상이 된다. 그러므로 <죽(粥)+재료>분절의 기본 분절구조는 [그림 2]와 같이 도식화 될 것이다.

[그림 2] 〈재료〉분절의 기본구조

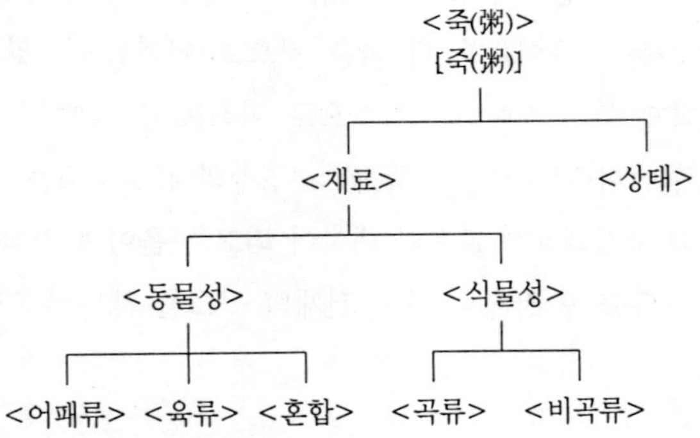

3.1. 〈동물성〉과 관련된 표현

〈동물성〉은 일차적으로 〈어패류〉, 〈육류〉, 〈혼합〉이 관조의 대상이다.

(2) 섭죽(- 粥)

이 낱말은 {섭조개를 넣고 쑨 죽}으로 풀이되면서 〈죽(粥)+주된재료+동물성+어패류+섭조개〉의 특성을 문제삼고 있다.

(3) 전복죽(- 粥)

이 낱말은 {전복을 넣고 쑨 죽}으로 풀이되면서 〈죽(粥)+주된재료+동물성+어패류+전복〉의 특성을 문제삼고 있다.

(4) 닭죽(- 粥)

이 낱말은 {닭고기를 넣고 쑨 죽}으로 풀이되면서 〈죽(粥)+주된재료+동물성+닭고기〉의 특성을 문제삼고 있다. [닭죽(- 粥)]은 {여름철 보양을 위한 음식}으로 이해되면서 〈용도〉의 특성도 함께 문제삼고 있다.

(5) 장국죽(- 粥)

이 낱말은 {쇠고기장국에 쌀을 넣어 쑨 죽}으로 풀이되면서 〈죽(粥)+주된재료+동물성+쇠고기장국〉의 특성을 문제삼고 있다.

(6) 꿀꿀이죽(- 粥)

  이 낱말은 {여러 가지 먹다 남은 음식의 찌꺼기를 한데 섞어 끓인 죽}으로 풀이되면서 <죽(粥)+주된재료+동물성+음식 찌꺼기+한데 섞음>의 특성을 문제삼고 있다.

  지금까지 살펴본 바와 같이 (2) - (6)은 <동물성>를 <재료>로 하는 낱말들의 분절구조이다. 이 중 (2)-(3)는 <어패류>가 관조의 대상이 되면서 <섭조개>, <전복>으로 하위 분절되고 있다. (4)-(5)는 <육류>가 관조의 대상이 되면서 <닭고기>와 <쇠고기>로 하위 분절되며, (6)은 <혼합>이 관조의 대상이 되고 있다. 이러한 <동물성>분절구조의 특징을 그림으로 정리하면 [그림 3]과 같이 도식화 될 것이다.

[그림 3] 〈재료〉와 관련된 표현(1)

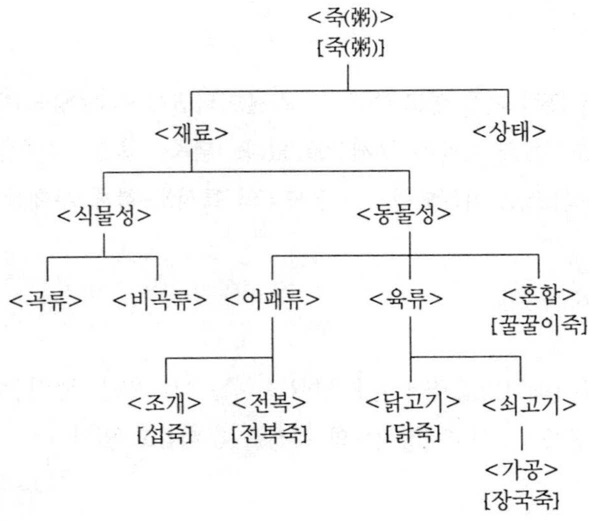

3.2. 〈식물성〉과 관련된 표현

<식물성>은 일차적으로 <곡류>, <비곡류>가 관조의 대상이다.

(7) 흰죽(- 粥)

이 낱말은 {흰쌀로만 쑨 죽}으로 풀이되면서 <죽(粥)+주된재료+식물성+곡류+흰쌀>의 특성을 문제삼고 있다.

(8) 원미(元味)

이 낱말은 {쌀을 굵게 갈아 쑨 죽}으로 풀이되면서 <죽(粥)+주된재료+식물성+곡류+쌀+조리법+굵게 갈다>의 특성을 문제삼고 있다. {원미(元味)}는 {여름에 꿀과 소주를 타서 차게 먹음}으로 이해되면서 <용도>의 특성도 함께 문제삼고 있다.

(9) 겨죽(- 粥)
(10) 강죽(糠粥)

(9)-(10)은 {쌀의 속겨로 쑨 죽}으로 풀이되면서 <죽(粥)+주된재료+식물성+곡류+쌀 속겨>의 특성을 문제삼고 있다. 현대국어에서는 토막이말과 한자말의 합성어인 (9)의 쓰임이 한자말과 한자말의 합성어인 (10)보다 더 많아 위상가치의 차이를 나타내고 있다.

(11) 보리죽(- 粥)

이 낱말은 {대낀8) 보리를 갈아서 쑨 죽}으로 풀이되면서 <죽(粥)+주된
재료+식물성+곡류+대낀 보리+조리법+갈다>의 특성을 문제삼고 있다.

(12) 콩죽(- 粥)
(13) 두죽(豆粥)

(12)-(13)은 {불린 콩을 갈아서 쌀과 함께 끓인 죽}으로 풀이되면서 <죽
(粥)+주된재료+식물성+곡류+불린 콩+조리법+갈다>의 특성을 문제
삼고 있다. 현대국어에서는 토박이말과 한자말의 합성어인 (12)의 쓰임이
한자말과 한자말의 합성어인 (13)보다 더 많아 위상가치의 차이를 나타내
고 있다.

(14) 녹두죽(綠豆粥)

이 낱말은 {녹두를 삶아 으깨어서 체에 걸러낸 물에 쌀을 넣고 쑨 죽}으
로 풀이되면서   <죽(粥)+주된재료+식물성+곡류+녹두+조리법+삶아
으깨다+체에 걸러내다>의 특성을 문제삼고 있다.

(15) 팥죽(- 粥)

이 낱말은 {팥을 삶아 으깨어 밭여서 솥에 넣고 쌀을 넣어 쑨 죽}으로
풀이되면서 <죽(粥)+주된재료+식물성+곡류+팥+조리법+삶아 으깨어
밭치다>의 특성을 문제삼고 있다.

---

8) [대끼다]는 {애벌 찧은 보리나 수수 같은 곡식을 마지막으로 깨끗이 찧다}라는 내용을
   문제삼고 있다.

(16) 단팥죽(- 粥)

이 낱말은 {팥은 삶아 으깨어 설탕을 넣어 달게 하고, 갈분으로 걸쭉하게 하여 찹쌀 새앙심을 넣은 죽}으로 풀이되면서 <죽(粥)+주된재료+식물성+곡류+팥+조립법+삶아 으깨어 설탕을 넣다+농도+걸쭉하다+첨가물+찹쌀 새앙심>의 특성을 문제삼고 있다.

(17) 오뉘죽(- 粥)

이 낱말은 {멥쌀에 간 팥을 섞어 쑨 죽}으로 풀이되면서 <죽(粥)+주된재료+식물성+곡류+팥+멥쌀에 섞다>의 특성을 문제삼고 있다.

(18) 피죽(- 粥)

이 낱말은 {피로 쑨 죽}으로 풀이되면서 <죽(粥)+주된재료+식물성+곡류+피>의 특성을 문제삼고 있다.

(19) 강피죽(- 粥)

이 낱말은 {강피의 쌀로 쑨 죽}으로 풀이되면서 <죽(粥)+주된재료+식물성+곡류+강피>의 특성을 문제삼고 있다. [강피죽(- 粥)]은 {흉년에 먹음}으로 이해되면서 <용도>의 특성도 함께 문제삼고 있다.

지금까지 살펴본 바와 같이 (7) - (19)는 <식물성 + 곡류>를 <주된재료>로 하는 낱말들의 분절구조이다. <곡류>는 <쌀>, <보리>, <콩>,

<팥>, <피>가 관조의 대상이 된다. <쌀>은 <흰쌀>, <속겨>의 특성
이 관조의 대상이며, [흰죽(- 粥)]에 <굵게 갈다>의 특성이 더해져 한자
어인 [원미(元味)]로 하위 분절되고 있다. <팥>은 <조리법>에 따라 <삶
아서 으깨다>, <갈다>의 특성이 관조의 대상이며, [팥죽(- 粥)]에 <설탕
첨가>의 특성이 더해져 [단팥죽(- 粥)]으로 하위 분절되고 있다. 이러한
<식물성＋곡류>분절구조의 특징을 그림으로 도식화하면 [그림 4]가 될
것이다.

[그림 4] 〈재료〉와 관련된 표현(2)

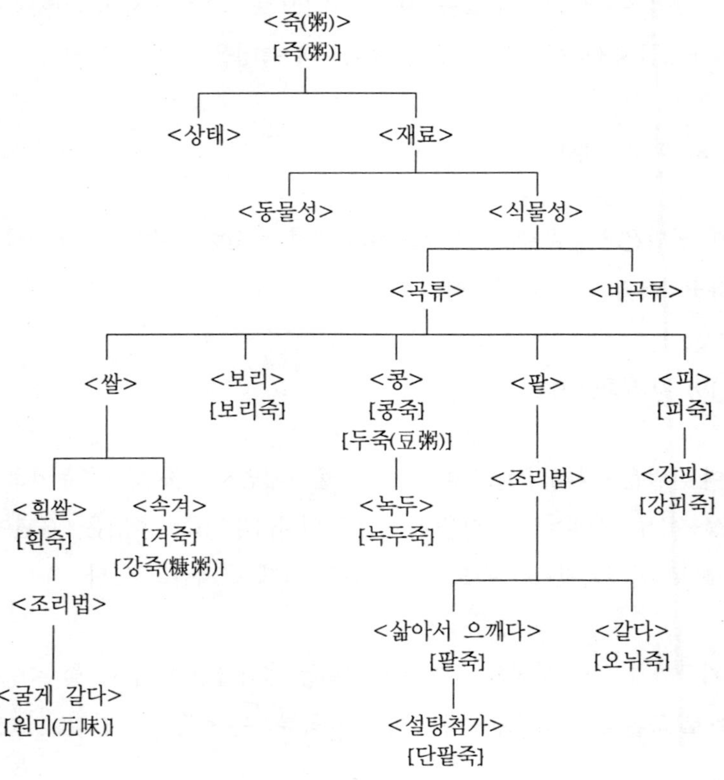

(20) 밤죽(- 粥)

이 낱말은 {밤가루와 쌀가루를 섞어서 끓인 죽}으로 풀이되면서 <죽(粥)+주된재료+식물성+비곡류+밤가루와 쌀가루>의 특성을 문제삼고 있다.

(21) 밤암죽(- 粥)

이 낱말은 {껍질을 벗긴 밤을 물에 불려서 강판에 갈아 물을 치고 체에 걸러서 서서히 익힌 암죽}으로 풀이되면서 <죽(粥)+주된재료+식물성+비곡류+껍질 벗긴 밤+조리법+물에 불리다+강판에 갈다+물을 치고 체에 거르다+서서히 익히다>의 특성을 문제삼고 있다.

(22) 잣죽(- 粥)

이 낱말은 {잣과 쌀을 물에 불려 갈아서 쑨 죽}으로 풀이되면서 <죽(粥)+주된재료+식물성+비곡류+잣과 쌀+조리법+물에 불려 갈다>의 특성을 문제삼고 있다.

(23) 깨죽(- 粥)
(24) 참깨죽(- 粥)

(23)과 (24)는 {껍질을 벗긴 참깨와 참쌀을 물에 불린 후 섞어 갈아서 쑨 죽}으로 풀이되면서 <죽(粥)+주된재료+식물성+비곡류+껍질 벗긴 참깨와 참쌀+조리법+물에 불리다+섞어서 갈다>의 특성을 문제삼고 있

다. <깨>를 재료로 한 <죽>의 경우, <참깨>를 사용하므로 이 두 낱말이 함께 쓰인다. <참깨>는 흰깨와 검은깨가 있는데, 한자로 깨를 '임자(荏子)'라고 하며, 검은깨는 '흑임자(黑荏子)'라고 해서 <검은깨>를 재료로 한 죽을 [흑임자죽(黑荏子粥)]이라고 일컫는다.

　　(25) 차조기죽(‐粥)

　이 낱말은 {볶은 차조기씨와 참깨를 반반씩 넣은 다음 찧어서 멥쌀가루를 넣어 쑨 죽}으로 풀이되면서 {죽(粥)+주된재료+식물성+비곡류+볶은 차조기씨와 참깨+조리법+반반씩 넣어 찧다>의 특성을 문제삼고 있다.

　　(26) 개암죽(‐粥)

　이 낱말은 {개암즙에 쌀을 갈아넣고 쑨 죽}으로 풀이되면서 {죽(粥)+주된재료+식물성+비곡류+개암즙>의 특성을 문제삼고 있다.

　　(27) 콩나물죽(‐粥)

　이 낱말은 {입쌀에 콩나물을 섞어서 쑨 죽}으로 풀이되면서 {죽(粥)+주된재료+식물성+비곡류+입쌀+콩나물 섞다>의 특성을 문제삼고 있다.

　　(28) 호박죽(‐粥)

　이 낱말은 {잘 익은 호박을 삶아서 짓이겨 팥을 넣고 쌀가루를 풀어서 쑨 죽}으로 풀이되면서 {죽(粥)+주된재료+식물성+비곡류+잘 익은 호박+조리법+삶아서 짓이기다+첨가물+팥>의 특성을 문제삼고 있다.

(29) 진잎죽(- 粥)

이 낱말은 {진잎을 넣고 끓인 죽}으로 풀이되면서 <죽(粥)+주된재료+
식물성+비곡류+진잎>의 특성을 문제삼고 있다.

(30) 묵물죽(- 粥)

이 낱말은 {묵물에 쌀을 넣고 쑨 죽}으로 풀이되면서 <죽(粥)+주된재
료+식물성+비곡류+가공+묵물>의 특성을 문제삼고 있다.

(31) 재강죽(- 粥)

이 낱말은 {재강에 멥쌀을 넣고 끓여 꿀, 설탕, 엿 등을 탄 죽}으로 풀이
되면서 <죽(粥)+주된재료+식물성+비곡류+가공+재강9)+첨가물+꿀,
설탕, 엿 등을 타다>의 특성을 문제삼고 있다.

지금까지 살펴본 바와 같이 (20) - (31)은 <식물성+비곡류>를 <주된
재료>로 하는 낱말들의 분절구조이다. <비곡류>는 <밤>, <잣>, <깨>,
<차조기>, <개암>, <콩나물>, <호박>, <진잎>, <가공>이 관조의
대상이 된다. <가공>은 <묵물>, <재강>의 특성이 관조의 대상이다.
이러한 <식물성+비곡류>분절구조의 특징을 그림으로 도식화하면 [그림
5]가 될 것이다.

---

9) [재강]은 {술을 거르고 남은 찌끼}라는 내용을 문제삼고 있다.

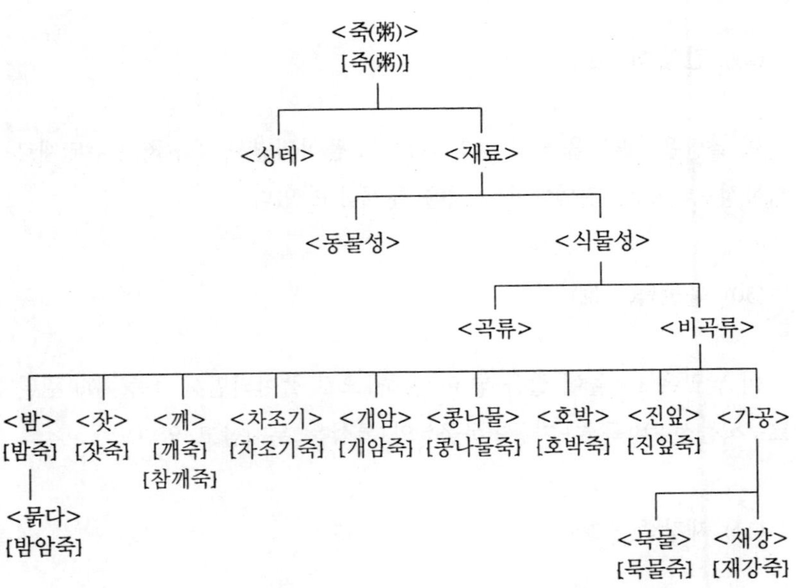

이상에서 살펴본 <주된재료>분절구조는 모두 30개의 낱말이 실현되어 있는데, 이 분절은 일차적으로 <동물성>, <식물성>이 관조의 대상이다. <동물성>분절은 5개의 낱말이 위치하고 있으며, <어패류>, <육류>, <혼합>이 관조의 대상이 된다. <식물성>분절은 25개의 낱말이 위치하고 있으며, <곡류>, <비곡류>가 관조의 대상이 된다. 이 중 <곡류>분절은 13개, <비곡류>분절은 12개의 낱말이 위치하고 있다.

4. 〈상태〉에 의한 분절구조

<상태>와 관련된 표현은 <온도>, <농도>가 관조의 대상이다.

[그림 6] 〈상태〉분절의 기본구조

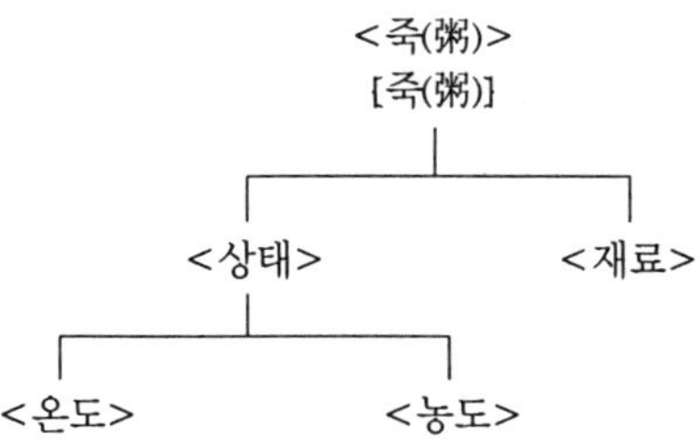

(32) 더운죽(- 粥)

이 낱말은 {쑨 지 얼마 안 되는 뜨거운 죽}으로 풀이되면서 <죽(粥)+상태+온도+뜨겁다>의 특성을 문제삼고 있다.

(33) 식은죽(- 粥)

이 낱말은 {식어서 먹기 좋게 된 죽}으로 풀이되면서 <죽(粥)+상태+온도+차갑다>의 특성을 문제삼고 있다.

(34) 암죽(- 粥)

이 낱말은 {곡식 · 밤 등의 가루를 밥물에 타서 끓여 어린아이, 노인, 환자에게 먹이는 묽은 죽}으로 풀이되면서 <죽(粥)+상태+농도+묽다+용도+어린아이, 노인, 환자>의 특성을 문제삼고 있다. 이 낱말은 {어린아이, 노인, 환자에게 먹이는 묽은 죽}으로 이해되면서 <용도>의 특성도 함께 문제삼고 있다.

(35) 죽물(粥 -)

　　이 낱말은 {멀겋게 쑨 죽}으로 풀이되면서 <죽(粥)+상태+농도+멀겋
다>의 특성을 문제삼고 있다.

　　지금까지 살펴본 바와 같이 (32) - (35)는 <상태>에 따른 낱말들의 분절
구조이다. <상태>는 <온도>, <농도>가 관조의 대상이 된다. <온도>
는 <뜨겁다>, <차갑다>로 하위분절 되며, <농도>는 <묽다>의 특성
에 따라 <대상>, <매우 묽다>로 하위 분절되고 있다. <온도>의 분절에
서는 <뜨겁다>, <차겁다>의 특성에 따른 어휘의 대립을 보이는 반면,
<농도>의 분절에서는 <묽다>와 대립되는 <되다>에는 어휘가 발견되
고 있지 않다. 이러한 <상태>분절구조의 특징을 그림으로 도식화하면
[그림 8]이 될 것이다.

[그림 8] 〈상태〉와 관련된 표현(1)

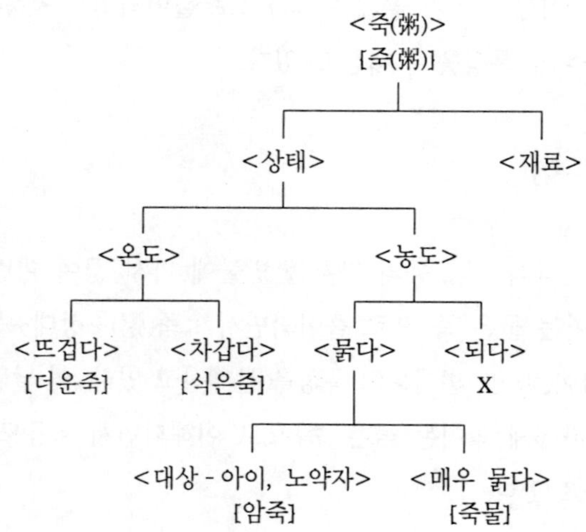

이상에서 살펴본 <상태>분절구조는 모두 4개의 낱말이 실현되어 있는데, 이 분절은 일차적으로 <온도>, <농도>가 관조의 대상이다. <온도>분절은 2개의 낱말이 위치하고 있으며, <농도>분절도 2개의 낱말이 위치하고 있다.

5. 맺음말

이 연구는 현대국어에 있어서 <죽(粥)>명칭의 분절구조를 해명하기 위하여 시도된 것인데, 이는 이미 연구된 바 있는 <밥>명칭의 분절구조와 밀접한 연관을 가지며, <음식물>명칭의 어휘체계를 발견하기 위한 전제 작업으로의 의의를 가진다.

<죽(粥)> 명칭의 분절구조 연구는 이 분절에 관여하고 있는 관점들을 발견하면서, 중간세계에 관여하는 관점인 세계관의 발견과 전체성의 원리에 입각한 어휘 체계의 발견을 목표로 한다. 이 과정에서 분절의 특징적인 면을 요약하여 정리하면 다음과 같다.

(1) 이 분절의 원어휘소(Archilexem)는 분절의 특성 자체와 일치하는 한자어인 [죽(粥)] 하나만이 위치하고 있으며, 모두 35개의 어휘가 연구의 대상이 되고 있다. <죽(粥)>과 밀접한 연관을 가지는 어휘에는 <미음(米飮)>, <응이>, <범벅>이 있는데, 일반적으로 <죽(粥)>보다 <미음(米飮)>이, <미음(米飮)>보다 <응이>가 더 묽은 음식으로 이해될 수 있으며, <범벅>은 <죽(粥)>보다 되게 쑨 음식으로 이해될 수 있다.

(2) <죽(粥)>의 분절은 일차적으로 <재료>, <상태>를 관조의 대상으

로 삼으면서 하위 분절되며, <재료>는 30개, <상태>는 4개의 어휘가 발견되었다. 이미 연구한 바 있는 <밥>분절의 경우 <주된재료>는 48개, <형상>은 37개, <용도>는 17개의 어휘가 발견된 것과 비교해 보면, <죽(粥)>의 경우 <재료>의 특성에 따른 어휘가 많으며, <상태>, <모양>, <색깔> 등이 어휘는 다양하게 발달되지 않았음을 알 수 있다.

(3) <재료>의 분절은 <동물성>, <식물성>이 관조의 대상이 된다. <동물성>은 <어패류>, <육류>, <혼합>으로 하위 분절되며, <어패류>는 <조개>, <전복>의 특성에 따라, <육류>는 <닭고기>, <쇠고기>의 특성에 따라 하위 분절되고 있다. <식물성>은 <곡류>, <비곡류>로 하위 분절되며, <곡류>는 <쌀>, <보리>, <콩>, <팥>, <피>의 특성에 따라, <비곡류>는 <밤>, <잣>, <깨>, <차조기>, <개암>, <호박>, <진잎>, <가공>의 특성에 따라 하위 분절되고 있다.

(4) <상태>의 분절은 <온도>, <농도>가 관조의 대상이 된다. <온도>는 <뜨겁다>, <차갑다>로 하위 분절되며, <농도>는 <묽다>의 특성에 따라 <대상>, <매우 묽다>로 하위 분절되고 있다. <온도>의 분절에서는 <뜨겁다>, <차갑다>의 특성에 따른 어휘의 대립을 보이는 반면, <농도>의 분절에서는 <묽다>와 대립되는 <되다>에는 어휘가 발견되고 있지 않다.

(5) 이 중 {흉년에 먹음}으로 이해되는 [강피죽(- 粥)]과, {여름에 꿀과 소주를 타서 차게 먹음}으로 이해되는 [원미(元味)], {여름철 보양을 위한 음식}으로 이해되는 [닭죽(- 粥)], {어린아니, 노인, 환자에게 먹이는 묽은 죽}으로 이해되는 [암죽(- 粥)]은 <용도>의 특성도 함께 문제삼고 있다.

(6) 동의어인 [콩죽(- 粥)]과 [두죽(豆粥)], [겨죽(- 粥)]과 [강죽(糠粥)]의
경우, 현대국어에서는 토박이말과 한자말의 합성어인 [콩죽(- 粥)]과 [겨
죽(- 粥)]이, 한자말과 한자말의 합성어인 [두죽(豆粥)], [강죽(糠粥)] 보다
쓰임이 더 많아 위상가치의 차이를 나타내고 있다.

(7) 지금까지 <음식물> 명칭에 대한 분절구조 연구의 일환으로 <죽
(粥)>명칭의 분절구조를 살펴보았다. 이상에서 논의된 바와 같이 우리 민
족의 식생활과 함께 발달해 온 <죽(粥)> 명칭은 다층적인 어휘구조를 이
루고 있으며, 후속되는 <음식물> 명칭에 대한 분절구조 연구가 있어야
그 위상가치가 더욱 분명해질 것으로 보인다.

참고문헌

민중서림(1999) : 「漢韓大字典」, 민중서림.

배성우(2001) : "현대국어 <탈것>명칭의 분절구조 연구" 고려대 대학원(박
　　　　사학위논문)

배해수(1994) : 「국어내용연구(3) - <친척>명칭에 대한 분절구조」, 국학자료원.

______(1998) : 「국어내용연구(4)-한국어와 동적언어이론」, 고려대출판부.

______(2000) : 「국어내용연구(5)-그 방안과 실제」, 국학자료원.

신기철·신용철(1980) : 「새 우리말 큰사전 : 상·하」, 삼성출판사.

이성준(1999) : 「훔볼트의 언어철학」, 고려대출판부.

이희승 편저(1986) : 「국어대사전」, 민중서림.

장기문(2000) : "현대국어 <여자>명칭의 분절구조 연구", 고려대 대학원(박
　　　　사학위논문)

정소프트(주)(1997) : 「컴퓨터용 전자사전 피시딕 7.0」

정태경(1999) : "현대국어 <떡>명칭의 분절구조 연구", [한국어와 세계관],
　　　　한국어내용학회

______(1999) : "현대국어 <국>명칭의 분절구조 연구", 「한국어의 내용적 고
　　　　찰」, 우리어문학회.

______(2000) : "현대국어 <밥>명칭의 분절구조 연구", [한국어와 모국어 정
　　　　신], 한국어내용학회

______(2001) : "현대국어 <김치>명칭의 분절구조 연구", 고려대 대학원(석
　　　　사학위논문)

한글과 컴퓨터(1995) : 「윈도우즈용 흔글 우리말 큰사전 1.0」

한글학회(1995) : 「우리말 큰사전」, 어문각.

허 발(1979) : 「낱말밭의 이론」, 고려대출판부.

(고려대 대학원)

A study on the word-field of the nouns expressing <죽(soup)> in modern korean language

Joung, Tae-Gyoung

This study attempts to support the explanation of the word-field of the nouns expressing <죽(soup)> in modern Korean language with word-field theory.

The aim of this study is to find viewpoints of Korean about object word name <죽(soup)>. from those above investigations, the word-field of the nouns expressing <죽(soup)> can be summarized as below.

(1) <죽(soup)> as archilexem represents the word-field theory of [죽(粥)] nouns.

(2) <죽(soup)> is characterized as <material> and <aspect>

(3) <material> is structurized by <animal nature>, <plant nature>

(4) <animal nature> is structurized by <fishes+shellfish>, <flesh+meat> and <mixing>

(5) <plant nature> is structurized by <cereal> and <non cereal>

(6) <aspect> is structurized by <temperature> and <consistency>

〈말(馬)〉 명칭의 분절구조 연구(1)
- 〈색깔〉을 중심으로 -

이행진

1. 머리말
2. 기본구조와 <단색>에 의한 분절구조
3. <혼합색>에 의한 분절구조
4. 마무리

1. 머리말

이 연구는 현대국어 <말>명칭의 분절구조를 해명하기 위하여 시도된다. 분절구조의 연구는 바이스게르버의 어휘분절구조이론에 기대어 진행된다. 훔볼트(W. v. Humboldt)의 부활로 불리는 바이스게르버(L. Weisgerber)는 중간세계이론의 확립을 통하여 언어 연구의 새로운 지평을 열었다. 훔볼트 언어 이론의 핵심가운데 하나는 언어 구조와 민족성의 필연적 연계에 대한 관점이다. 그는 "언어(각각의 모국어)란 특정한 이 각기 나름대로의 민족 정신의 발산(emanation)이며, 해당 민족이 세계를 바라보는 고유하고 독자적인 견해(세계관)를 반영하는 내적 형식의 외적 표현[1]"이라고 하였다. 즉, 언어는 음성 형태일 뿐만 아니라, 세계의 내적 형성임을 강조하고 있는 것이다[2]. 그러나 종래의 언어 연구가들은 객관세계인 사물과 음성

---

1) 배해수(1995):"동적언어이론의 이해", 「한국어 내용론」제3호, 한국어내용학회, 국학 자료원 17쪽 참조
2) ibid, 17쪽 참조

형태가 직접 만나는 것으로 믿어왔다. 이러한 2층 모델에서는 동일한 객관 세계에 대한 언어화가 나라말마다 다르다는 점과, 동일한 언어라 할지라도 인간 생활에 있어서의 친근감의 정도에 따라 분절 방식이 상이하다는 점을 설명할 수 없다는 문제점을 가진다3). 바이스게르버는 이를 지적하면서 음성 형식과 외계 사이에 정신적인 중간세계가 존재한다고 주장한다4). 훔볼트에 있어서 언어는 그것에 내재한 힘과 함께 생활 세계를 정신의 소유물로 개조하는 길인데, 이 개조하는 장소가 바이스게르버에게 있어서는 정신적인 중간세계로 인식된다. 중간 세계에서 주도적인 역할을 하는 민족의 정신은 객관 세계를 관조하는 방식, 곧 관점이라는 형식으로 나타난다. 이것이 세계관이며, 모국어에서 유효한 방향이 결정되어지는 정신적인 에네르게이아 전체로서 언어적 세계상의 발현이 되는 것이다. 어휘분절구조이론은 이 점에 착안하여 어휘들 속에 내재한 내용을 분절이라는 형식으로 해명함으로써 모국어에 대한 그 민족의 관점의 발견에 초점을 맞추고 있다. 분절은 전체 체계 속에서 낱말들이 의미를 가질 수 있도록 하는 변별 기준이다5). 따라서 분절이 각기 나름대로의 민족 정신의 발산(emanation)이며, 해당 민족이 세계를 바라보는 고유하고 독자적인 견해(세계관)를 반영하는 내적 형식의 외적 표현6)"이라고 하였다. 즉, 언어는 음성 형태일 뿐만 아니라, 세계의 내적 형성임을 강조하고 있는 것이다7). 그러나 종래의 언어 연구가들은 객관세계인 사물과 음성형태가 직접 만나는 것으로 믿어왔다. 이러한 2층 모델에서는 동일한 객관세계에 대한 언어화

---

3) ibid,17쪽 참조
4) ibid, 17쪽 참조
5) 시정곤(2000) : "분절구조의 몇 가지 문제", 「한국어와 모국어 정신」, 한국어 내용학회 편, 국학자료원, 410 참조
6) 배해수(1995):"동적언어이론의 이해", 「한국어 내용론」제3호, 한국어내용학회, 국학 자료원 17쪽 참조
7) ibid, 17쪽 참조

가 나라말마다 다르다는 점과, 동일한 언어라 할지라도 인간 생활에 있어서의 친근감의 정도에 따라 분절 방식이 상이하다는 점을 설명할 수 없다는 문제점을 가진다8). 바이스게르버는 이를 지적하면서 음성 형식과 외계 사이에 정신적인 중간세계가 존재한다고 주장한다9). 훔볼트에 있어서 언어는 그것에 내재한 힘과 함께 생활 세계를 정신의 소유물로 개조하는 길인데, 이 개조하는 장소가 바이스게르버에게 있어서는 정신적인 중간세계로 인식된다. 중간 세계에서 주도적인 역할을 하는 민족의 정신은 객관 세계를 관조하는 방식, 곧 관점이라는 형식으로 나타난다. 이것이 세계관이며, 모국어에서 유효한 방향이 결정되어지는 정신적인 에네르게이아 전체로서 언어적 세계상의 발현이 되는 것이다. 어휘분절구조이론은 이 점에 착안하여 어휘들 속에 내재한 내용을 분절이라는 형식으로 해명함으로써 모국어에 대한 그 민족의 관점의 발견에 초점을 맞추고 있다. 분절은 전체 체계 속에서 낱말들이 의미를 가질 수 있도록 하는 변별 기준이다10). 따라 서 분절구조 이론은 언어의 내용을 바탕으로 그 민족의 세계관 해명의 열쇠가 되는 방법론이다.

바이스게르버는 훔볼트의 에르곤과 에네르게이아 논의에 관해서 이 양자의 관계를 평행관계로 해석하였다. 이 점이 언어 연구의 4단계 주창을 가능하게 하였다. 에르곤으로서 정적인 문법적 연구로는 형태와 내용 중심의 고찰방법이 마련되었으며, 에네르게이아로서의 동적인 언어학적 연구로는 직능과 작용 중심의 고찰방법이 마련되었다. 이 고찰 방법들은 분리되어 개별적으로 연구되는 것이 아니라 서로 순환적인 관계를 가지며 조어론, 품사론, 월구성안, 어휘론 등의 연구가 가능하도록 고안되었다.

---

8) ibid, 17쪽 참조
9) ibid, 17쪽 참조
10) 시정곤(2000) : "분절구조의 몇 가지 문제", 「한국어와 모국어 정신」, 한국어 내용학회 편, 국학자료원, 410 참조

어휘를 내용 중심으로 고찰할 수 있도록 마련된 방법이 어휘분절구조이론인 바, 이 연구는 이 이론에 기대어 <말>명칭에 대하여 <색깔>을 중심으로 해명하려고 한다. 어휘는 전체라는 전제 아래에서만 그것의 부분들이 합리적으로 체계화되고 개념화될 수 있기 때문에[11], 전체는 부분들의 결합 이상의 의미를 가질 것으로 예상된다. 또한, 이러한 연구는 <말>에 대한 우리 민족의 관조 방식을 이해하는 길이 될 것이며, <말> 명칭의 어휘 체계를 발견하는 수단이 될 것이다.

이 연구를 위해서는 현대 국어의 <말>명칭에 대한 자료의 수집이 요구되는데 다음의 사전류를 참조하여 어휘자료들을 수집하였다.

김민수편. 1996. 「금성판 국어대사전」. 금성출판사
신기철·신용철 편저.1980. 「새 우리말 큰 사전 : 상·하」
이희승편.1971. 「국어 대사전」. 민중서림
한글학회.1997. 「우리말 큰사전」. 어문각
(주) 정소프트. 1997. 「PC DIC 7.0」

2. 기본구조와 〈단색〉에 의한 분절구조

(1) 말[12]

이 낱말은 {집짐승의 하나로 얼굴과 목이 길쭉하며 갈기가 있고, 네 다리가 길어 잘 달리며, 털빛은 갈색, 흰색, 잿빛 따위가 있으며 농경, 운반, 승용 따위로 쓴다}로 풀이되면서 <집짐승＋얼굴과 목이 길쭉함＋갈기가

---

11) 배해수(1999): "<낮> 명칭의 분절구조 연구", 「한국어와 세계관」, 국학자료원 7쪽 참조
12) <말>명칭에 깊이 관여하는 한자어 [마:馬]가 있다. 이는 현대 국어에서는 독립성이 없으며, 단어의 형성(造語)을 돕는 형태소이다. 따라서 이 연구에서 한자말 [馬]는 논의의 대상이 되지 않는다

있음＋네다리가 길다＋잘달림＞이라는 특성을 가지고 있다. 따라서 이 낱
말은 이 분절에 있어서 원어휘소의 자리에 위치하게 된다.

(2) 엽자(驜者)

이 낱말은 {말}로 풀이되면서 이 분절에 있어서 원어휘소의 자리에 위
치하고 있다. 그러나 이 한자말은 현재 우리들의 언어 생활에서 소외된
채 사어화의 과정을 걷고 있는 표현으로 보인다.

위의 두 낱말을 원어휘소로 하는 ＜말＞명칭의 분절은 그 아래로 ＜색
깔＞, ＜용도＞, ＜성질＞ 등을 문제 삼으면서 하위 분류되어 있다. 이 연구
에서는 이 가운데 ＜색깔＞ 분절 만을 연구의 대상으로 삼게 된다. 이 ＜색
깔＞ 분절은 다시 ＜단색＞과 ＜혼합색＞을 관조의 대상으로 삼으면서 하
위 분절되어 있다. 그리고 ＜단색＞의 경우는 다시 그 아래로 ＜흰색＞,
＜노란색＞, ＜밤색＞, ＜붉은색＞, ＜검정색＞을 문제삼으면서 하위 분절
되어 있다. [그림 1]은 이러한 ＜색깔＞분절의 기본 구조를 보이기 위한
것이다.

[그림 1] 〈말＋색깔〉 명칭의 기본 구조

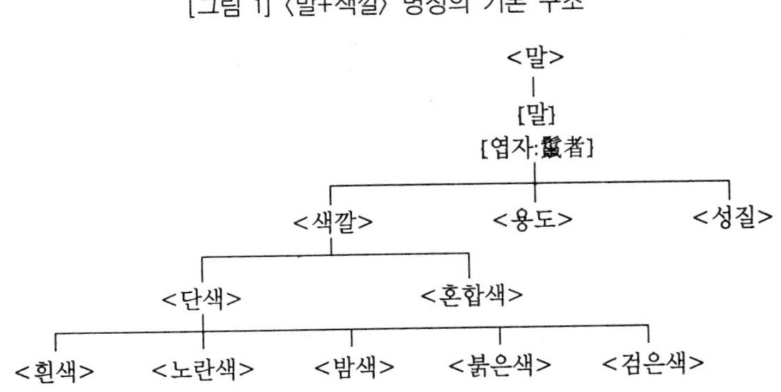

(3) 흰말
(4) 백마(白馬)/말

(3)은 {몸 빛이 흰 말}로 풀이 되며 <말+색깔+흰색>이라는 특성을 문제삼고 있다. (4)도 {흰 말}로 풀이되며 (3)과 같은 내용을 문제 삼고 있다.

(5) 백다/마(白多/馬)

위 낱말도 {흰 말}로 풀이되며 <말+색깔+흰색>의 특성을 가지고 있다. 이 표현에서 한자어 [多]는 <많음>을 문제삼는 점을 감안 할 때, 이 낱말에서는 <흰 색>의 강조라는 특성을 첨가하는 것으로 이해할 수 있겠다.

(6) 부루말
(7) 부로마(夫老馬)

(6)은 {온 몸의 털이 흰 말}로 풀이되며 <말+색깔+흰색+털>이라는 특성을 문제삼고 있다. 이 낱말의 어원은 몽고말로서 북방 계통의 말을 수입하면서 말(馬)과 함께 낱말도 그대로 수입되어 온 것을 볼 수 있다. (7)은 (6)의 취음(取音)으로 (6)을 한자로 표기하려는 노력으로 생성된 말이다. 따라서 이 낱말도 <말+색깔+흰색+털>의 특성을 가진다.

(8) 백총마(白驄馬)[13]

---

13) 이 낱말의 驄이 <거느림>을 문제삼는 것을 감안할 때, 이 낱말은 다른 말들의 <우두머리>에 해당 되는 특징을 첨가할 수 있다. 그러나 본고에서는 驄에대한 고찰을 후고로

위 낱말은 {흰 말}로 풀이된다. 그러나 한자말 [鬃]이 {말의 갈기와 꼬리의 털}을 문제삼고 있기 때문에 <말＋색깔＋흰색＋부위＋갈기·꼬리>의 특성을 첨가하는 것으로 이해될 수 있다.

(9) 태성

위 낱말은 {이마가 흰 말}로 풀이되며 <말＋색깔＋흰색＋부위＋이마>의 특성을 문제로 한다.

(10) 간자말

위 낱말은 {이마와 뺨이 흰 말}로 풀이되며 <말＋색깔＋흰색＋부위＋이마·뺨}의 특성을 문제로 한다. 간자말의 외양 중에 이마와 뺨의 흰색이 이 말의 다른 빛깔 보다 두드러지게 드러나 이 말의 특징이 되었던 것이다

(11) 은총이(銀驄-)

위 낱말은 {불알이 흰 말}로 풀이되며 <말＋색깔＋흰색＋부위＋성기>의 특성이 문제가 되고 있다.

(12) 거할말/마(巨割馬)

위 낱말은 {입부리(주둥이)가 흰 말}로 풀이되며 <말＋색깔＋흰색＋부위＋입>의 특성이 문제가 되고 있다. 말의 겉모습 중의 입 부분의 색깔이

미루기로 한다.

말 전체에 영향을 미치고 있음을 알 수 있으며, 토박이말 말과 한자어 馬가 서로 경쟁하고 있음을 알 수 있다.

이와 같은 <흰색> 분절을 그림으로 나타내면 [그림 3]과 같다.

[그림 3] 〈흰색〉 분절의 그림

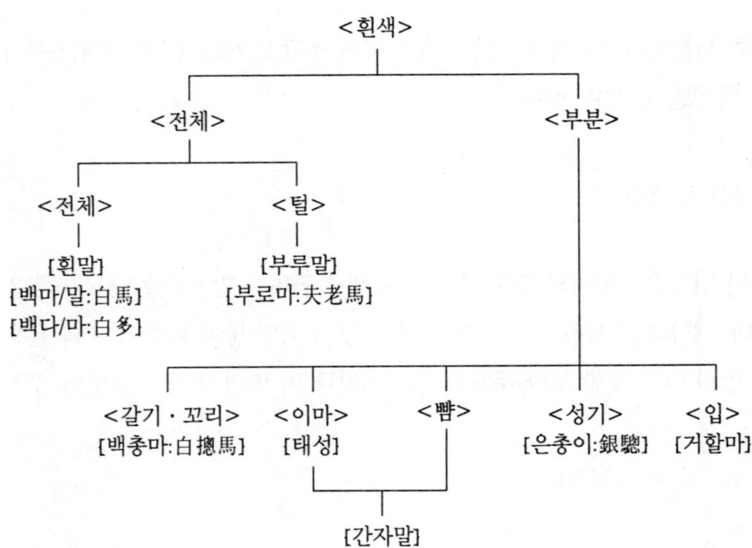

(13) 노랑말

위 낱말은 {몸빛이 노란 말}로 풀이되며 <말+색깔+노란색>이 문제되고 있다.

(14) 황마(黃馬)

위 낱말은 토박이말 (13)에 상응하는 한자어로 {몸 빛이 노랑말 }로 풀
이되며 <말＋색깔＋노란색>임을 문제로 한다. 흰말에 상응하는 한자어가
백마, 노랑말에 상응하는 한자어가 황마, 후술할 흑마 등의 존재로 보아
우리말에서 한자어의 영향권이 매우 강했다는 것을 알 수 있다.

(15) 공골말

위 낱말은 {털빛이 누런말}로 풀이되며, 누런색은 익은 벼의 빛깔
과 같이 다소 탁하고 어둡게 누른 색을 의미하기 때문에 <말＋색깔＋노
란색＋탁하고 어두움>의 특성을 문제로 한다.
이상에서 살펴본 <노란색> 분절을 그림으로 나타내면 다음 [그림 4]와
같다.

[그림 4] 〈노란색〉 분절의 그림

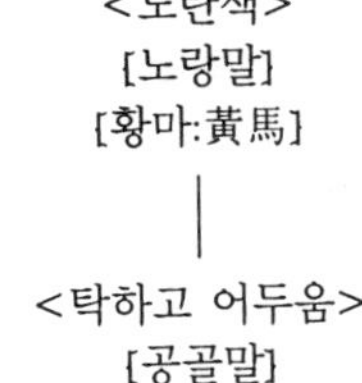

(16) 구렁말

위 낱말은 {털빛이 밤색인 말}로 풀이되며 <말＋색깔＋밤색>의 특성
을 문제로 한다. 또한 이 낱말의 어원은 몽고어의 [kureng]과 몰이 결합하
여 형성된 것이다.

(17) 황고랑(황(黃)고라말)

위 낱말은 {구렁말}로 풀이되는 것으로 보아 {털빛이 밤색인 말}이다.
따라서 <말+색깔+밤색>의 특성을 가진다.

(18) 자류마(紫騮馬)

위 낱말은 {밤색의 털이 난 말}로 풀이되며, 한자 [紫]의 뜻이 <검붉
음>의 뜻을 가지는 것으로 보아 <말+색깔+밤색+검붉음>의 특성을 문
제삼고 있다.
이와 같이 <밤색>의 분절을 그림으로 나타내면 다음 [그림 5]와 같다.

[그림 5] 〈밤색〉 분절의 그림

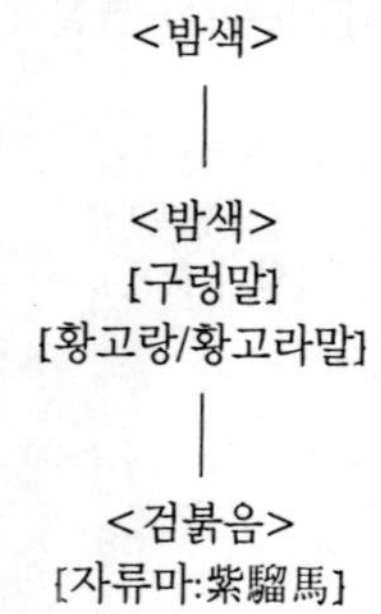

(19) 적마(赤馬)

위 낱말은 {붉은 말}로 풀이되며 <말+색깔+붉은 색>을 특성으로삼
는다.

(20) 적다마(赤多馬)

위 낱말은 전술한 바와 같이 <흰색> 분절의 [백다마]와 상응하는 **표현**
으로 한자어 [多]의 쓰임으로 보아 <붉음>을 강조한 **표현**이다. 따라서
<말+색깔+붉은색>의 특성을 문제삼고 있다.

(21) 절따말/마(馬)

위 낱말은 {붉은 빛깔의 말}로 풀이되며 <말+색깔+붉은 색>임을 특
성으로 삼고 있다. 또한 이 낱말은 몽골어의 영향을 받은 말로 합성어의
형성과정에서 토박이말 [말] 과 한자어 [馬]가 혼용되기도 하였다.
이상의 <붉은색>분절을 그림으로 나타내면 다음 [그림 6]과 같다.

[그림 6] 〈붉은색〉 분절의 그림

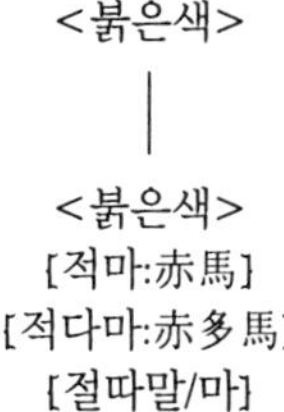

(22) 검정말

위 낱말은 {털빛이 검은 말}로 풀이되며, 이 분절의 메타언어로 기능하
며 <말+색깔+검은색>이 문제가 되고 있다.

(23) 흑마(黑馬)

위 낱말은 토박이말 (22)에 상응하는 한자어이다. {검정말}로 풀이되며 <말+색깔+검은색>임이 문제시된다.

(24) 철려(鐵驪)

위 낱말은 {검정말}로 풀이되며 한자의 풀이로 보아 검은 색이 강조된 표현으로 보인다. 따라서 <말+색깔+검은색>을 문제로 한다.

(25) 담가라/말

위 낱말은 {털빛이 거무스름한 말}로 풀이되며 <말+색깔+검은색+농도 - 옅음>의 특성을 문제로 한다. [- 스름하다]는 빛깔이 옅거나 그 형상과 비슷할 경우에 쓰이는 접미사이다. 따라서 이 말은 다른 검정말에 비하여 농도가 조금 옅은 검은색의 말로 이해할 수 있다

(26) 가라말/마

위 낱말은 {털빛이 온통 검은 말}로 풀이되며 <말+색깔+검은색+부위 - 털전체>의 특성을 문제로 한다. 또한 이 말은 한자어 [마:馬]와 토박이말 [말]이 혼용되고 있는 말이며, 몽고에서 들어온 말이다.

(27) 여구(驪駒)

위 낱말은 {검정말}로 풀이되며 한자를 살펴보면 {가라말}로 풀이된다.

따라서 <말+색깔+전체+검은색+부위 - 털전체>의 특성을 문제로 한다. 그러나 이 낱말의 용례는 거의 찾아볼 수 없는 것으로 보아, 이 낱말은 사어화 과정을 겪고 있는 것으로 보인다. 이와 같은 검은색 분절을 그림으로 나타내면 다음 [그림 7]과 같다.

[그림 7] 〈검은색〉분절의 그림

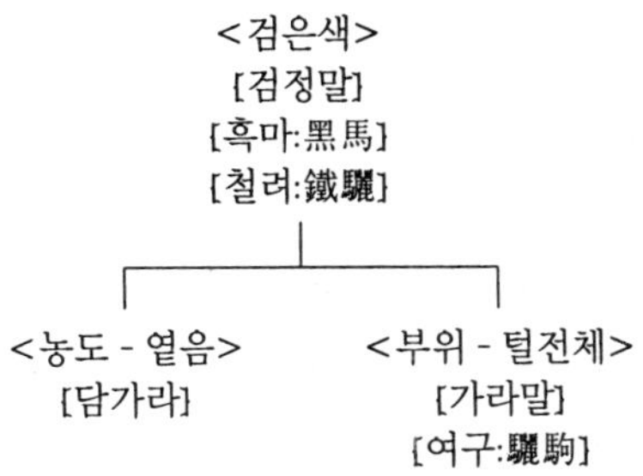

3. 〈혼합색〉에 의한 분절구조

(28) 먹총이

위 낱말은 {검은 털과 흰털이 섞여 난 말}로 풀이되며 <말+색깔+혼합색+검은색+흰색>의 특성을 문제로 하고 있다.

(29) 추마말

위 낱말은 {털빛이 잿빛인 말}로 풀이되며 <말+색깔+혼합 색+검은색+흰색>임이 문제시되고 있다. 잿빛은 재의 빛깔과 같이 흰빛을 띤 검

은빛으로 말의 색깔이 흰색과 검은색이 고르게 섞여 있음을 특성으로 하
는 말이다.

(30) 오총이/마(烏驄 - /馬)

위 낱말은 {흰털이 섞인 검은 말}로 풀이되며 <말+색깔+혼합 색+검
은색+흰색>임이 문제시되고 있다.

(31) 오추마(烏騅馬)

위 낱말은 {검은 털에 흰털이 섞인 말로 옛날 중국의 항우가 탔다는
준마}로 풀이된다. 따라서 <말+색깔+혼합 색+검은색+흰색+항우가 탐>
이라는 특성을 문제로 한다.

(32) 가리온

위 낱말은 {몸은 희고 갈기가 검은 말}로 풀이되며 <말+색깔+혼합
색+흰색+검은색+부위+갈기>의 특성을 문제삼고 있다. 이 낱말은 부분
적으로 갈기만 검다는 표현으로 갈기의 검은 색이 눈에 잘 띄기 때문에
특성으로 자리 잡은 것으로 보인다.

(33) 해류마(海騮馬)

위 낱말은 {가리온}으로 풀이되는 것으로 보아 (32)에 상응하는 한자어
이다. 따라서 <말+색깔+혼합 색+흰색+검은색+부위+갈기>의 특성을
문제삼고 있다.

(34) 쌍창워라

　위 낱말은 {몸빛은 검은색이고 엉덩이만 흰 말.}로 풀이되며 <말+색깔
+혼합색+흰색+검은색+부위+엉덩이>라는 특성을 문제삼고 있다.

(35) 오명마(五明馬)

　위 낱말은 {몸의 털 빛깔은 검고 이마와 네발은 흰 말}로 풀이되며 <혼
합색+흰색+검은색+부위+이마+발>의 특성을 문제로 한다.
　이와 같은 <혼합색+흰색+검은색>의 특성을 그림으로 표현하면 다음
[그림 8]과 같다.

[그림 8] <혼합색>분절의 그림 (1)

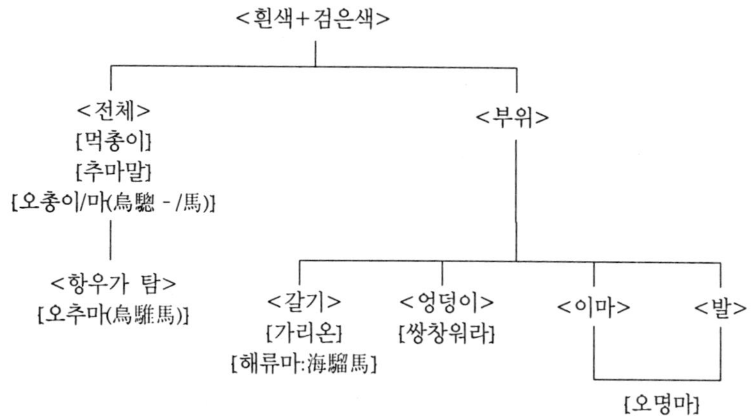

(36) 청부루(靑 - -)

　위 낱말은 {푸른 털과 흰털이 섞인 말}로 풀이되며 <말+색깔+혼합

색+흰색+푸른색>의 특성이 관조의 대상이 된다.

(37) 총이말(驄 -)

위 낱말은 {갈기와 꼬리가 파르스름한 흰말}로 풀이되며 <말+색깔+
혼합 색+흰색+푸른색+부위+갈기·꼬리>의 특성을 문제삼고 있다.

(38) 천총마(千驄馬)

위 낱말은 {갈기와 꼬리가 파르스름한 흰말]로 풀이되며 <말+색깔+
혼합 색+흰색+푸른색+부위+갈기·꼬리>의 특성을 문제삼고 있다. 따
라서 흰색과 푸른색의 혼합 분절을 그림으로 나타내면 다음 [그림 9]와
같다.

[그림 9] 〈혼합색〉 분절의 그림 (2)

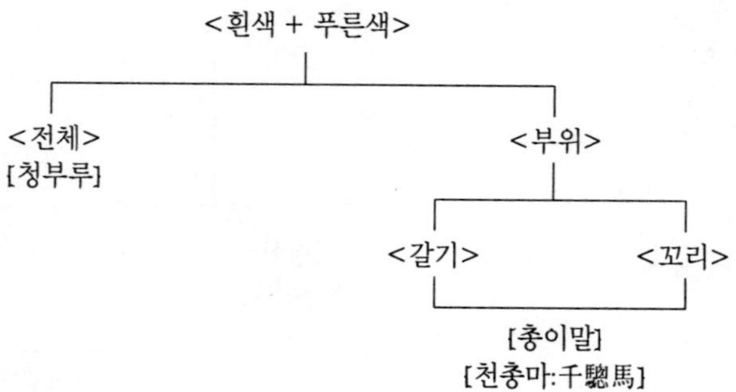

(39) 황부루(黃 - -)

위 낱말은 {누런 바탕에 흰빛이 섞인 말}로 풀이되며 <말+색깔+혼합

색+흰색+황색>의 특성을 문제로 한다.

(40) 토황마(土黃馬)

위 낱말은 {누런 바탕에 흰빛이 섞인 말}로 풀이되며 <말+색깔+혼합
색+흰색+황색>이 관조의 대상이 되고 있다.

(41) 은종마(銀鬃馬)

위 낱말은 { 몸이 누런 색 바탕에 흰털이 섞이고 갈기와 꼬리가 흰 말.}
로 풀이되며 <말+색깔+혼합 색+흰색+황색+부위+갈기·꼬리>의 특
성을 문제로 한다.

(42) 표절따(말)[驃-]

위 낱말은 { 몸이 누런 색 바탕에 흰털이 섞이고 갈기와 꼬리가 흰 말.}
로 풀이되며 <말+색깔+혼합 색+흰색+황색+부위+갈기·꼬리>의 특
성을 문제삼고 있다

[그림 10] 〈혼합 색〉분절의 그림 (3)

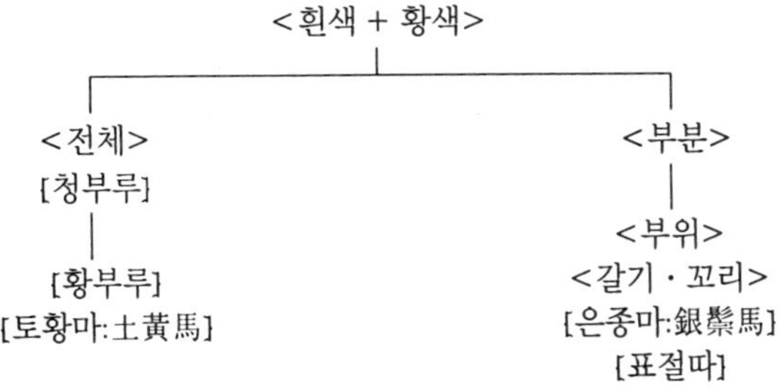

(43) 적부루마(赤 - 馬)
(44) 홍사마(紅紗馬)

(43)은 {붉은빛과 흰빛의 털이 섞이어 있는 말}로 풀이되며 <말+색깔+혼합 색+흰색+붉은 색>의 특성을 문제삼고 있다. 또한 이 낱말은 몽고어와 한자어의 합성으로 형성된 말이다. (44)는 {붉은 색과 흰색의 털이 섞여 있는 말}로 풀이되며 (43)과 같은 의미이다. 따라서 <말+색깔+혼합 색+흰색+붉은 색>의 특성을 문제삼고 있다.

(45) 고라(말)

위 낱말은 {등에 검은 털이 난 누런 말}로 풀이되며 <말+색깔+혼합 색+검은색+노란색+부위+등>을 문제시한다

(46) 돗총이

위 낱말은 {털빛이 검푸른 신기한 말}로 <말+색깔+혼합 색+검은색+푸른색>을 문제시 한다.

(47) 부절다(따)말

위 낱말은 {갈기가 검고 털빛이 붉은 말}로 <말+색깔+혼합 색+검은색+붉은색+부위+갈기>를 문제로 한다.

(48) 월따말

위 낱말은 {털빛이 붉고 갈기가 검은 말}로 풀이되며 <말+색깔+혼합
색+검은색+붉은 색+부위+갈기>의 특성이 문제가 된다.

(49) 추마

위 낱말은 {흰 바탕에 흑색, 짙은 갈색, 짙은 적색 등의 털이 섞이어
난 말}로 <말+색깔+혼합 색+흰색+여러 색>이 문제가 되고 있다.

이상과 같은 표현들을 그림으로 나타내면 다음 [그림 11], [그림 12]와
같다.

[그림 11] 〈혼합색〉분절의 그림 (4)

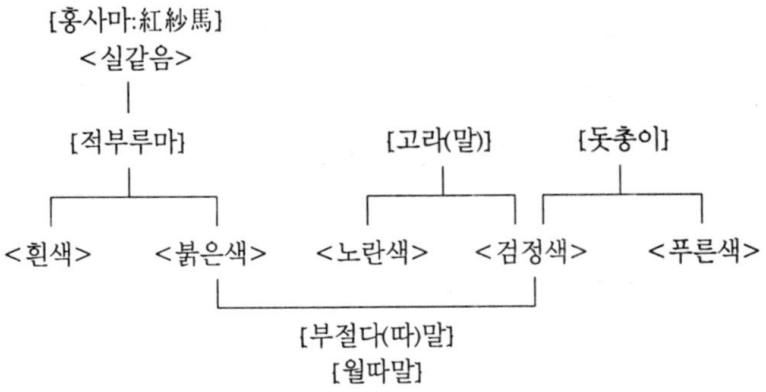

[그림 12] 〈혼합색〉 분절의 그림(5)

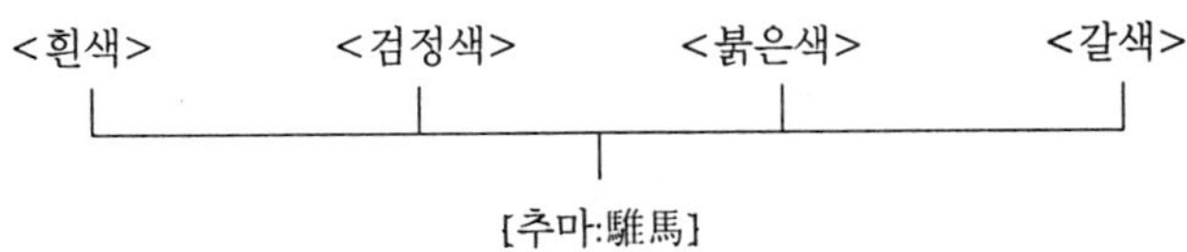

[그림 13] 〈혼합색〉 분절의 그림(6)

<혼합색>

	흰색	노랑색	붉은색	푸른색	검정색
흰색		(1)	(2)	(3)	(4)
노랑색	(1)				(5)
붉은색	(2)				(6)
푸른색	(3)				(7)
검정색	(4)	(5)	(6)	(7)	

단, (1)은 [황부루], [토황마:土黃馬], [은종마:銀鬃馬], [표절따/말], [표마:표마:驃馬] 등이 있다.

(2)는 [적부루마], [홍사마:紅紗馬]가 있다.

(3)은 [청부루], [총이말], [청총이/마], [천총마:千驄馬]가 있다.

4)는 [먹총이], [추마말], [가리온], [해류마:海騮馬], [오총이:烏驄], [오추마:烏騅馬], [오명마:烏明馬], [쌍창워라]가 있다.

(5)는 [고라(말)]가 있다..

(6)은 [부절따말], [월따말]이 있다.

(7)은 [돗총이]가 있다.

4. 마무리

이상에서는 어휘분절구조 이론을 바탕으로 [말]명칭에 대하여 <색깔>을 중심으로 살펴보았다. 지금까지 분절을 정리하는 것으로 마무리를 대신하고자 한다.

(1) 먼저 <색깔>을 중심으로 볼 때 [말]명칭은 <단색>과 <혼합 색>으로 분절된다.

(2) <단색>의 분절은 <흰색>, <노란색>, <밤색>, <붉은 색>, <검은색>으로 분절되는 것을 발견하였다.

(3) <흰색>의 분절은 <전체>가 흰색인가, 아니면 <부분>적으로 흰색인가에 따라 <전체>와 <부분>이 관점의 대상이며, <부분>은 또 <부위>에 따라 <갈기·꼬리>, <이마>, <뺨>, <성기>, <입> 등으로 분절되는 것을 발견하였다.

(4) <노란색> 분절은 <노란색>과 탁도의 <탁하고 어두움>에 따라 분절되는 것을 발견하였다.

(5) <붉은 색>분절은 <색농도>에 따라 분절되었다.

(6) <검은색> 분절은 <흰색>의 분절과 유사한 면이 많았다. <전체>. 와 <부분>으로 분절되었으며, 각각 <색농도>에 따라 <짙음>과 <옅음>으로 분절되었다.

(7) <혼합 색>의 분절은 <흰색+검은색>, <흰색+푸른색>, <흰색+노란색>, <흰색+붉은 색>, <검은색+노란색>, <검은색+푸른색>, <검은색+붉은 색>, <흰색+여러 색> 등의 분절이 관여함을 발견하였다.

이상에서의 분절에서 살펴볼 때 <단색>의 분절은 토박이말이 많이 존재하는데 비하여 <혼합 색>의 분절은 토박이말이 메타언어로 발견되지 않았다. 이는 우리 토박이말이 <혼합 색>을 표현하는데는 생산력이 별로 없었던 것으로 보인다. <말> 명칭의 <색깔>을 중심으로 한 분절구조의 발견은 전체 분절구조의 일 부분에 지나지 않는다. 따라서 <용도> 분절과 다른 여타의 분절들에 관한 연구는 아쉬움을 남기며 후고로 미루도록 한다.

참고문헌

배해수(1998), 「한국어와 동적언어이론」, 고려대학교 출판부.
장기문(1997), "현대국어의 <여자> 명칭에 대한 고찰", <우리어문연구 제10
　　　　　집>, 우리 어문 학회
장은하(1998), "<입> 명칭에 대한 고찰", 「모국어와 에네르게이아」, 국학자
　　　　　료원
정태경(2000), "<밥> 명칭의 분절구조", 「한국어와 모국어 정신」, 국학자료
　　　　　원.
시정곤(2000), "분절구조의 몇 가지 문제", 「한국어와 모국어 정신」, 국학자료
　　　　　원.
이성준(2000), "훔볼트의 언어고나에 나타나는 형식과 소재의 문제", 「한국어
　　　　　와 모국어 정신」, 국학자료원.
한국어내용학회편(1999), 「한국어와 세계관」, 국학자료원.
한국어내용학회편(2000), 「한국어와 모국어 정신」, 국학자료원.

(여강중 교사)

A study on the word field of the nouns expressing <말> (horse) in modern Korean language

Lee, Hang-Jin

This study attempts to explain the word field of the nouns expressing <말>(horse) in modern Korean language. The explanation of word field is related to feature analysis.

<말>(horse) consists of the following parts: <one color>, and <mixd color>. From this study, we can summarize the word field of the nouns expressing <말>(horse) as below.

(1) <one color> is structurized by <white>, <yellow> <brown>, <red>, and <black>.

(2) <mixed color> is structurized by <white+black>, <white+blue>, <white+yellow>, <white+red>, <black+yellow>, <black+blue>, <black+red>, and <white+red+black+brown>.

한국어 이름씨 분절구조

인쇄일 초판 1쇄 2003년 03월 14일
            2쇄 2015년 05월 22일
발행일 초판 1쇄 2003년 03월 28일
            2쇄 2015년 05월 23일

지은이 한국어내용학회
발행인 정 찬 용
발행처 국학자료원
등록일 1987.12.21, 제17-270호

서울시 강동구 성내동 447-11 현영빌딩 2층
Tel : 442-4623~4 Fax : 442-4625
www.kookhak.co.kr
E- mail : kookhak2001@hanmail.net
ISBN 978-89-541-0036-6 (93710)
가 격 11,000원

*저자와의 협의 하에 인지는 생략합니다.